授業の達人が提案！

子どもの意欲を育てるワークショップ型授業

50 プラス小ネタ 26

小学1・2年

はじめに

学級崩壊をめぐって約２年半、集中的な取材活動を行った。

それまでずっと授業研究に取り組んできた私には、授業不成立を最大の特徴とする学級崩壊にかかわらずにはおれなかったからである。

現場の先生や子どもたちの声を取材する中で、渦中の子どもたちが、説明中心の伝統的な授業を嫌っているということを感じた。

ある座談会で子どもたちは次のように語っていた。

「先生は僕たちに、黙れと言ったり、意見を言えと言ったりする。
　先生だけが好きなときに好きなように話す。ズルいと思う。」

確かに説明中心の授業は子どもが受け身になりやすい。大人しく話を聞くだけの授業になりがちである。テレビなどで楽しい知識を知ってしまったいまの子どもたちにとって説明中心の授業は堅苦しい、できれば避けて通りたいものになってしまったようである。

最新の「学級崩壊」調査によると、授業不成立を克服するために、約８割の先生方が、現在、授業で工夫しているのは、授業に「参加・体験」の要素をとり入れることだと回答している。この「参加・体験」の要素を授業の中に自覚的にとり入れ、子どもたちの意欲を育てるための試みをしたのが本書で提案の**ワークショップ型授業（活動中心の授業）**である。

本シリーズでは、そのお薦め授業を50ずつ１・２年、３・４年、５・６年の３巻にまとめた。また、ワークショップ型授業とは違うが、子どもたちの意欲を育て学力向上にもすぐに役立つ実践アイデアも小ネタとして26ずつ掲載した。

本書が「学級崩壊」克服の糸口の一つになるものと確信する。本書を手がかりに、クラスが学級崩壊のような悲しむべき事態に陥ることがないよう挑戦してほしい。本書が少しでも多くの先生方そして子どもたちの学習に役立てば幸いである。

上條　晴夫

2005年３月

Part I

Part III

Part II

Part I

ワークショップ型授業の５か条

ワークショップ型授業　７つの活動タイプ

ワークショップ型授業の効果と留意点

上條　晴夫

ワークショップ型授業の5カ条

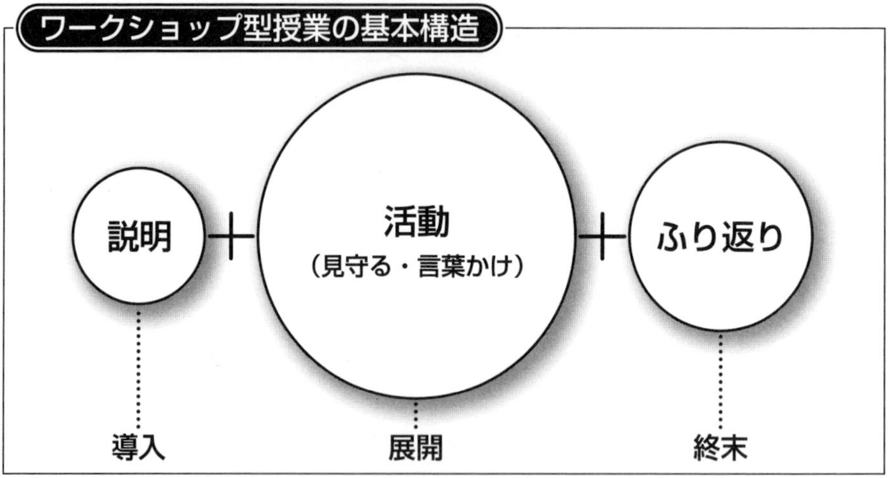

1 活動の枠を明示する

ワークショップ型授業は活動を中心とした授業である。その活動を明確にするには次の3つの枠を明示することが必要になる。

①トピック…活動の内容（目的・手順）を示す。
②時間………活動をどのくらいの時間でするか示す。
③場所………活動の場所（レイアウト）を示す。

たとえば、「鉛筆対談」と呼ばれる作文の活動がある。

この活動の大枠は次の3点である。「2人1組で『外国に行くならどこに行く？』などの話題で筆談をする」…**トピック**、「10分間続ける」…**時間**、「机を寄せ合って筆談する」…**場所**である。

枠の明示が主体的な活動を引き出すことになる。

2 授業の中心は活動である

ワークショップ型授業はさまざまな活動をとり入れて授業する。
活動は大きく分けると、次の３つに分類することができる。

①ゲーム的活動（ゲーム・クイズ・あそびなど）
②表現的な活動（作文・ロールプレイ・スピーチなど）
③話し合い活動（ディベート、ペアトークなど）

授業の中に、以上のような活動をとり入れることによって活動の周辺に教師と子ども、子どもたち相互のコミュニケーションのある学びを生み出すことができる。また友達支援の学習になる。

ワークショップ型授業では、活動が子どもたちの興味・関心を引き出すことができるか否かが、授業の良否を決定する。

3 必ずふり返りをする

ワークショップ型授業は、活動後には必ずふり返りをする。
活動後のふり返りには、粗く言って次の３パターンがある。

①ふり返りの短い文を書く。
②ペア、グループでおしゃべりする。
③全体で簡単な討議をする。

説明や発問を中心とした授業では授業の終末で「まとめ」をする。

「まとめ」とは教師が授業内容を要約して説明することだ。これに対して活動を中心とした授業では「ふり返り」をする。ふり返りは、子どもたちが自分の体験を自らの言葉で置き換える作業である。このふり返りをすることで、活動は初めて学習となる。

4 試行錯誤を見守る

ワークショップ型授業では、教師はできる限り活動を見守る。
子どもたちが自由に活動ができるように教師は次の点を見守る。

①枠に沿った活動をしているか。
②子どもたちは試行錯誤をしているか。
③危険なハプニング等はないか。

説明を中心とした授業では、学習事項を小分けして、確実に学習ステップをのぼることができるように誤答を排除する。活動を中心としたワークショップ型授業では、子どもたちが試行錯誤できていればよい。

教師は子どもたちが試行錯誤しているかどうか、自発的な活動になっているかどうかを見守る。

5 言葉かけをする

ワークショップ型授業では言葉かけが大切になる。
活動の内容を説明する以外に、次のような助言が必要である。

①活動開始を促す。（アイスブレーキング）
②試行錯誤を支援する。（ツッコミ＆フォロー）
③目標管理をする。（ゴールセッティング）

ワークショップ型授業では活動の指示をしてしまったら、あとはできるだけ見守ることが原則である。しかし、活動を始めるとき、試行錯誤が止まったとき、目標管理にユレがあるあるときは、積極的に介入をして、子どもたちに言葉かけする。（言葉かけ＝個人・グループに対する指導言）

言葉かけが活動の質を向上させる。

ワークショップ型授業

7つの活動タイプ

1 ゲームを使った授業

ゲームとは**勝ち負けのあるあそび**のことである。

これまで教室でくり返し学習の意欲を高めるシステムなどとして使われてきた学習ゲーム＆あそびを発掘・紹介する。

ゲームのよさはゴールの明確さである。総合学習の発表が面白くないという話をよく聞くが、原因はゴールが曖昧であることが多い。ゲームは子どもたちの頑張り所がはっきりした活動である。

2 表現を使った授業

表現とは**音声言語を中心とした活動**である。

たとえば、各種の歌あそび、音読・朗読・群読などである。とくに初心者にも、使い勝手のよい活動を意識した。

表現を使った授業は、**楽しみながらつくりあげる**ことができる点がポイントである。表現をつくりあげる過程で、さまざまな気づきを得たり、生き生きとした学習活動を展開できる。

3 作文・ワークシートを使った授業

作文とは**文字表現を中心とした活動**である。

言葉あそび的作文から、想像力をはたらかせる作文、論理的な要素の作文まで、文字表現を使った面白い活動を集めた。

たとえば五·七·五作文では、教師の質問（昨日は何をしてあそびましたか？）に対して、五·七·五のリズムで筆答する活動だ。もともとは川柳の練習法で、作文法を体験的に理解できる。

4 教室から飛び出してつくる授業

教室から飛び出すと**新しい場づくり**が可能となる。

教室は、多くの子どもたちが教科書を読んだり、板書事項をノートしたりするには便利だが、活動には向かない点がある。
教室を飛び出すことによって、子どもたちは活動のための「広い空間」「机・椅子以外の用具」「自然・社会の施設」などを手に入れることができる。学習・活動の幅がグンと広がる。

5 面白クイズを使った授業

クイズの授業は**クイズあそび**の授業である。
授業の中にクイズ形式をとり入れることで、テレビにおけるクイズ番組のように楽しく知識のやりとりをすることができる。
最近は、テレビの情報バラエティ番組などでも、「めくり」「ランキング」のようなクイズ的な手法が、さまざまな形で使われるようになっている。知識の面白さを意識して伝え合う活動の１つがクイズである。

6 発表がメインの授業

自分の**主張（追究）をアピールする**授業である。
子どもの考えや調べたことの**発表**を中心にすることで、主体的な授業になる。
ただし、発表が本当に主体的な自由度の高いものになるためには、準備から発表までをワークショップ型授業の３要素である**トピック・時間・場所**を事前に明示しておくことが重要である。

7 モノを使った授業

モノを使うことで**思考が目に見える**ようになる。
黒板とチョークだけの説明中心の授業は、教科書などにキチンと整理された知識を効率よく伝えるには便利である。
しかし、説明中心の授業は実感がわきにくい。授業にモノを持ち込むことで、実感を伴いながらの**わかる・できる・考える**活動が可能になる。モノは思考を見えるようにする魔法の杖である。

ワークショップ型授業の効果と留意点

(1) ワークショップ型授業の効果とは *－意欲向上－*

ワークショップ型授業は、活動中心の授業である。一言でその効果を述べれば「**子どもの意欲を育てる**」ものと言える。なぜなら、活動中心の授業は、説明中心の授業や発問中心の授業と比べて、授業における子どもたちの自由度が大きく、教師のコントロール度が小さいからである。

もちろん子どもたちの学力を育ててゆくためには、説明中心の授業や発問中心の授業も必要である。しかし、ある一定の量で、活動中心の授業を行うことで、子どもたちは主体的な学びの面白さに気づくことができる。

それゆえワークショップ型授業は意欲を育てる授業と言える。

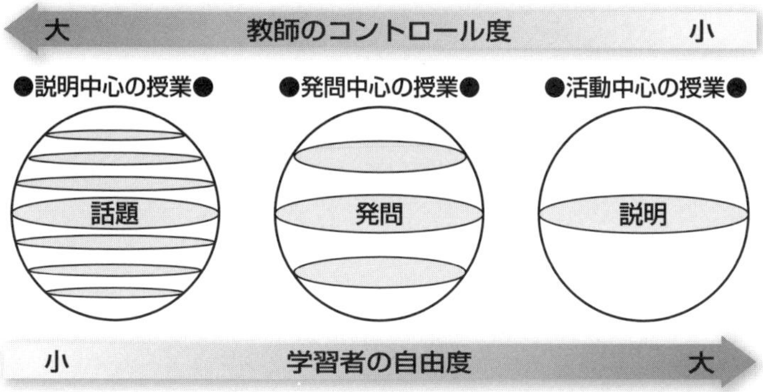

(2) ワークショップ型授業の留意点

ワークショップ型授業を薬に喩えると漢方薬と似ている。少しずつ飲み続けることで、じわじわと学びに対する体質を変え、意欲を育てることになる。体にやさしい、学びの根っこを育ててくれる薬である。

これは逆に言うと、一度や二度、断片的に使っても、その場は盛り上がるかも知れないが、意欲の向上のような根本的な体質の改善は望めないということである。この薬を使うには、子どもたちの体のようすを見ながら、できるだけ長く（できれば半年くらい）は服用することが望ましい。

Part II

1

階段言葉パズル

DATE

利用可能な教科

国語

手軽さ

★★★★★

熱中度

★★★★☆

繰り返し可能

★★★★☆

学力定着度

★★★☆☆

コンセプト

同じひらがなの文字から始まる言葉を、階段状に並べていくゲーム。言葉でたっぷりあそんじゃおう！

やり方

❶ 上図のように、階段状に枠を板書する。
❷ ひらがな１文字（例：あ）を枠のいちばん上のマスの中に書く。
❸ ゲームの説明をする。
❹ 子どもが言った言葉をどんどん階段状に板書していく。
❺ ５～６段までいって、もうそれ以上の言葉が出なければ、終わりにし、階段状に並べた言葉をみんなで読む。

ポイント

- 階段ができてくると子どもたちはのってくる。やり方を覚えると家でノートに書いてくる子どももでてくる。
- ひらがなをだいぶ書けるようになってきたら、黒板を写すこともできる。
- 習っていない字があっても大きな声で読んじゃおう！

ふり返りのコツ

語彙を増やそう！

「むずかしかったかな？」ときく。

子どもたちの言葉あそびに対する抵抗感・語彙の個人差をみていく。

バリエーション1

下そろえの階段言葉を考えよう!

階段のいちばん下の文字をそろえてみる。ちょっとむずかしい。

あ					
ぶ	き				
な	を	で			
か	き	か	あ		
っ	っ	け	き	き	
た	た	た	た	た	た

バリエーション2

グループ対抗戦をしよう!

クラスを半分に分け、黒板を半分ずつ使ってグループ対抗戦をしよう。同じ文字から始まる言葉で、相手のグループと同じ言葉は使えないルールや、違う文字から始まる言葉でやるルールでもできる。

2 グループ別カルタ大会

DATE

利用可能な教科

国語

手軽さ

★★★☆☆

熱中度

★★★★☆

繰り返し可能

★★★★★

学力定着度

★★★★☆

コンセプト

カルタを使えば何でも覚えちゃう。まずは、ひらがな50音からやってみよう！

やり方

❶ ひらがな50音のカルタをつくる。（右ページ参照）
❷ 4人1組で机を田の字型に並べてグループをつくる。
❸ カルタをグループごとに配る。
❹ 教師が読み手になり、各グループ同時にカルタを行う。
❺ ほぼ同時に手が触れた場合は、ジャンケンとする。
❻ 各グループのチャンピオンに拍手をする。

ポイント

- お手つきをした場合は、手持ちの札1枚を場に裏返しに出し、次にとった子どもがその札も取れるというルールもある。
- 1時間の授業で2回行うこともできるし、授業の導入部分で行うこともできる。
- 慣れてきたら、朝学習の時間に子どもたちだけでもできる。

カルタのつくり方

①「あ」の字を学習した時に、「あ」のつく言葉集めをし、絵にしやすいものを選んでおく。(同様に50音行う。)

②A6サイズのスペースに①で選んだ50音分の言葉の絵を描かせる。(1人1、2字分描かせる。)

ふり返りのコツ

●**覚えてたくさん取ろう!**

「どうすればたくさん取れるのかな?」ときく。

ひらがな50音と文字の理解度をみていく。

③②の紙を50%に縮小し、厚めの画用紙に印刷し、取り札をつくる。(普通紙に印刷後、厚紙に貼ってもよい。)

④読み札は、子どもも読めるような表記で教師がつくる。

バリエーション1

●**いろいろなカルタをつくろう!**

ひらがなカルタでたっぷりあそんだら、いろいろなカルタをつくってみよう。漢字カルタ、生活科カルタ(地域や季節)など、いろいろできる。市販のカルタを利用するのもよい。(奥野カルタ・太郎次郎社など)

バリエーション2

●**ジャンボカルタ大会をしよう!**

画用紙大のジャンボカルタをつくろう。体育館に並べると壮観。ルールは**読み終わってから取る**。読み終わると同時に、カルタめがけてダッシュ! 汗びっしょりのカルタあそびも面白い。(寒い時期には特におすすめ)

3 ひらがな神経衰弱

DATE

利用可能な教科

国語

手軽さ

★★★☆☆

熱中度

★★★★☆

繰り返し可能

★★★★★

学力定着度

★★★☆☆

コンセプト

神経衰弱をしながら、ひらがな2文字の言葉をどんどんつくっちゃおう。やってるうちに語彙もどんどん増えていく。

やり方

❶ 4人1組で机を田の字型に並べてグループをつくる。
❷ ひらがな50音のカードを、裏返しにして机の上に並べる。
❸ 神経衰弱のルールで、最初の子どもが2枚のカードを表返す。
❹ その2文字で言葉がつくれたら、カードが取れる。つくれなかったら元の位置に裏返しに置く。
❺ カードが取れても取れなくても、次の子どもに交替する。

ポイント

- 2文字の言葉は、グループの子どもが知っていればよいことにする。誰もその言葉を知らない場合は、教師が確認する。
- 最後に2文字で言葉がつくれないカードが数枚残ったら、その文字から始まる2文字の言葉がつくれたらもらってもよいというルールにする。

ふり返りのコツ

●語彙を増やそう！

「むずかしかったかな？」ときく。

子どもたちの言葉づくりに対する抵抗感・語彙の個人差をみていく。

バリエーション1

●チーム対抗戦をしよう！

最初から表にしたひらがなカードを2チームに1セットずつ配る。時間内に、2文字の言葉をたくさんつくったチームの勝ち。3文字で言葉をつくるルールでもよい。

バリエーション2

●長い言葉をつくってみよう！

バリエーション1と同様にカードを配る。時間内に、長い言葉（単語）をつくった方が勝ち。「文章」をつくるルールでもよい。

4 文づくりジェスチャー

DATE

利用可能な教科
国語

手軽さ
★★★★☆

熱中度
★★★★★

繰り返し可能
★★★★☆

学力定着度
★★★☆☆

コンセプト

2枚のカードを使ってつくった主語と述語の短い文。それをジェスチャーにしてみよう。うまく当てられるかな？

やり方

❶ＡＢ２つの箱を用意する。Aには、「何が」のカード、Ｂには、「どうする」のカードを入れる。(右ページ参照)
❷２つの箱に入っているカードを使って文をつくり、ジェスチャーをすることを説明する。
❸ジェスチャーをしたい子どもを選び、２枚のカードを取らせる。
❹２枚のカードを合わせて文にし、30秒でジェスチャーをする。
❺他の子どもは、ジェスチャーを見た後で、文をノートに書く。
❻正解を発表し、何人の子どもが当てられたかを確認する。

ポイント

- 正解者が多数出るように、教師はジェスチャーをする子にアドバイスする。
- 「いぬがとぶ」などという文になっても、面白い。

ふり返りのコツ

●面白さの意味は？

「どんなところが面白かったかな？」ときく。ジェスチャー自体を楽しんだ子ども、文の内容について考えた子どもの様子をみていく。

〈例〉
・うさぎが
・かえるが
・いぬが
・さるが
・とりが　など

・はしる
・たべる
・あるく
・およぐ
・とぶ　など

バリエーション1

●カードを考えて

自分たちで、Ａ・Ｂの箱に入るものを考えてみよう。Ａの箱には、「何が」Ｂの箱には、「どうする」というカードが入る。組み合わせから、「ぼうしが走る」となっても面白い。

バリエーション2

●文をつくって

ＡＢの箱からカードを選ぶのではなく、文を自分でつくってジェスチャーをすることもできる。その場合は紙に文を書かせ、教師が確認する。ジェスチャーする時間の長さを変更するのもよい。

5 リズムしりとり

DATE

利用可能な教科

国語・音楽

手軽さ

★★★★★

熱中度

★★★☆☆

繰り返し可能

★★★★☆

学力定着度

★★★☆☆

コンセプト

普通のしりとりとはちょっと違う。タンタン、と手を打ってリズムにのってしりとりを続けてみよう。

やり方

❶教師と代表の子３人が前で、❷以下のように見本を見せる。
❷４人で手を２回打ち、最初の子が言葉を言う。例「からす」
❸同様にして、２回手を打つ間にしりとりを考えて続ける。
❹タンタン「からす」タンタン「すいか」タンタン「かめ」
❺４人で１周できたらOK！
❻４人グループをつくり、それぞれ立ってリズムしりとりを行う。
❼１周できたグループはOKで座る。

ポイント

- 手を打つ速さは、最初はゆ〜っくりと。教師が示す。
- ４人グループで１周できたら、グループごとに手を打つ速さを少しずつ速くしてみよう。

ふり返りのコツ

リズムにのろう！

「リズムにのってできたかな？」ときく。リズムにのることや、しりとりの言葉が出てくる様子をみていく。

バリエーション1

リズム山手線ゲーム

タンタンと手をたたくのは同じ。しりとりのかわりに、「動物の名前」など、指定した言葉を言っていく。タンタン「さる」タンタン「うさぎ」タンタン「ぞう」などと続ける。

バリエーション2

人数を変えて

4人で1周できるようになったら、2つのグループが一緒になって8人で1周に挑戦！次は16人、と人数を増やしてみよう。5分間で4人で何周続くかをやってみるのもいい。

6 質問ゲーム（10の扉）

DATE

利用可能な教科

国語・学活

手軽さ

★★★☆☆

熱中度

★★★★★

繰り返し可能

★★★★☆

学力定着度

★★★★☆

もも
メロン
みかん
いちご
りんご
すいか
にんじん
ピーマン
ほうれんそう
ねぎ
じゃがいも
さつまいも
いぬ
ねこ
ねずみ
ハムスター
ライオン
ぞう
えんぴつ
けしごむ
のり
ハサミ
いろえんぴつ
さんかくじょうぎ

コンセプト

意味の広い言葉と意味の狭い言葉の関係は、2年生の国語の学習内容である。全員の子が質問しながら、カードに書いてあるモノの名前を当てていく。楽しみながら、論理的に考える力もつく。

やり方

❶ いろいろなモノの名前が書いたカードを子どもの人数分用意する。
❷ 4、5人のグループをつくり、机を田の字型にする。
❸ カードを一枚ずつ引き、他の子に見えないように裏返しにしておく。
❹ グループで質問者の順番を決め、出題者に「それは、〇〇ですか？」と質問し、書いてある物の名前を当ててもらう。質問は10回できる。（10回で答えられなかったら、答えを明かす。）
❺ 質問には「はい」か「いいえ」でしか答えられない。
❻ 出題者の、順番も決め、全員が出題できるようにする。

ポイント

- どんなカードがあるか知らないほうが楽しいが、種類が多い場合はあらかじめ答えを全部知らせておく方法もある。

ふり返りのコツ

● どんな質問がよかったかな？

どれが、答えに迫るいい質問だったか、きいてみよう。いきなり名称を言うのではなく、仲間をきく、色をきく、など範囲を絞っていくのがいいことに気づかせよう。

＊参考文献　家本芳郎編著「5分でできる学級遊びベスト90」たんぽぽ出版

バリエーション1

●黒板に、答えの選択肢となる絵をはっておく

教師が出題者になる。全員で考える。絵の中のどれかが答えになるので、1年生にもできる。答えがわかったら、ノートに書かせる。

バリエーション2

●グループ対抗にする

教師が出題者になり、質問や解答はグループで考える。「はい」といわれたグループは、続けて質問できる。

7 かくれているのはいくつ？

DATE

利用可能な教科

算数

手軽さ

★★★☆☆

熱中度

★★★☆☆

繰り返し可能

★★★★★

学力定着度

★★★★★

コンセプト

1年生の算数のポイントは、数の合成と分解。カセットテープのケースで簡単につくれる数の合成分解器で楽しく学んじゃおう。

やり方

❶ 数の合成分解器をつくる。(右ページ参照)　※数の合成分解器は、保護者会で説明して、その場でつくってもらう。
❷ 2人組で向かい合う。1人が、ケースをガチャガチャと振って、豆を左右に分ける。
❸ 相手の子に数の合成分解器の表側を見せて、「かくれているのはいくつ？」ときく。(右ページ図上参照)
❹ 出題した子が、裏側を見て正解を言う。(右ページ図下参照)
❺ 交替して出題する。

ポイント

● 問題を出す子には答えが見えているので、まちがえない。
● 短時間でできるので、授業の導入部分で何度も行える。

数の合成分解器のつくり方

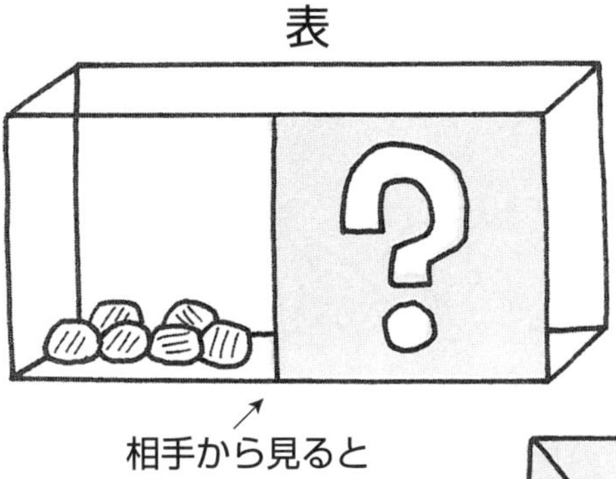
表
相手から見ると

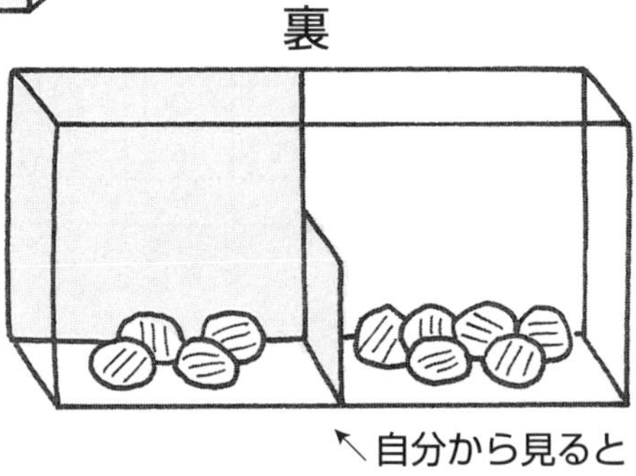
裏
自分から見ると

カセットテープのケース横幅の
半分の大きさ（A）と
ケースの厚さと同じ（B）
中身が透けて見えない色の紙
これをケースの内側に固定する。
中に豆やおはじきなどを 10 個入れる。
セロハンテープでとめる。

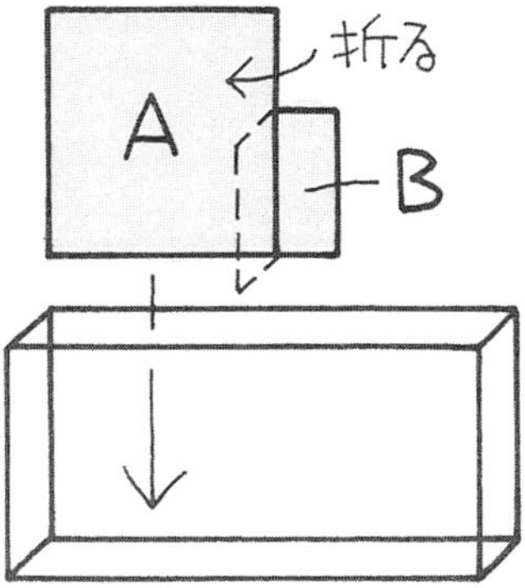
折る
A
B

ふり返りのコツ

●くり返してやろう！

「答えのコツがわかったかな？」ときく。何回もくり返して行い、楽しもう。

バリエーション

●数を変えてみよう！

慣れてきたら、中に入れる豆の数を変えてみよう。最初は、10 で、数を増やしたり減らしたりしてみよう。できたら、20 でやってみよう。難しくなるけれど、あそんでいるうちにできるようになってくる。

8

計算だよ、全員集合！

DATE

利用可能な教科

算数

手軽さ

★★★★★

熱中度

★★★★☆

繰り返し可能

★★★★★

学力定着度

★★★★☆

5+3=
1 2 3 4 5
さあ、この答えの人数で集まりましょう。

コンセプト

計算をするのは、ノートだけじゃない。計算の答えの人数が集まってすわるゲームで、実際に体を使って動いてみよう。

やり方

❶ 教師が黒板に式を書く。例「5＋3＝」

❷ 計算を頭の中で行い、席を離れて答え(8)の人数だけ集まって手をつないで座る。

❸ 答えの数に人数が足りなかったグループは、別に黒板に貼ってある数字カードを持ってきて合計を合わせる。

❹ 1回の計算、集まりはすぐに終わる。何度かくり返す。

ポイント

● 教師は、答えに足りなかったグループにすぐに声をかけ、黒板の数字カードを示す。

ふり返りのコツ

● 変化を入れてくり返そう！

「すぐにできたかな？」ときく。簡単な計算ではすぐに集まれるので、バリエーションを入れてくり返して行おう。

バリエーション1

● いろいろな計算で

慣れてきたらいろいろな計算でもやってみよう。「2＋3＋4」のような3つのたし算、「8－3」のようなひき算、くり上がりやくり下がりもOKだ。

バリエーション2

● 一人ひとりがカードを持って

一人ひとりが数字のカードを持つ。「15＋7＝22」など、数が大きくなってきたら、一人ひとりが持っているカードを計算し合って、「3」「8」「7」「4」合計「22」というようにする。黒板と、自分たちと2回計算をすることになる。

9

たし算じゃんけん

DATE

利用可能な教科

算数

手軽さ

★★★★★

熱中度

★★★★☆

繰り返し可能

★★★★★

学力定着度

★★★★☆

コンセプト

いつでもどこでもできるジャンケン。これを利用して計算をしちゃおう。

やり方

❶ 2人組で向かい合って「たし算、たし算、じゃんけんポン」と声をかけて、指で数字を出す。数字は、1～5にする。
❷ 出た数字の合計を言う。「2」と「3」だったら、「たし算、たし算、じゃんけんポン…5」というようにして、速く言った方が勝ち。
❸ となりの子と1分間何回も行う。
❹ やり方に慣れたら、5分間席を離れて、いろいろな人と交替して行う。
❺ 5分後、勝った数を確認する。

ポイント

- いつでもどこでもできるので、授業の導入部分や終末部分で活用できる。

ふり返りのコツ

●変化を入れてくり返そう！

「どうすれば速く言えるかな？」ときく。簡単な計算ではすぐにできるので、バリエーションを入れてくり返して行おう。

バリエーション1

●ひき算やかけ算でじゃんけん

たし算ジャンケンと同じようにやってみよう。ひき算では、2人のうち、大きい方の数から小さい方の数を引くということだけ。かけ算はかけるだけ。慣れてくれば大丈夫。

バリエーション2

●両手でじゃんけん

両手で行うとさらに難しくなってくる。じゃんけんをする前に、いくつを出すか頭の中で考え、手を後ろにして、あらかじめ指で数字を出しておくという作戦もある。

10

数字並べゲーム

DATE

利用可能な教科

算数

手軽さ

★★★★☆

熱中度

★★★★☆

繰り返し可能

★★★★★

学力定着度

★★★★★

コンセプト

数字カードをトランプの7並べのルールで並べてあそぼう。数の大小を学ぶのにはもってこいだ。

やり方

❶ 4人1組で机を横長に並べてグループをつくる。
❷ グループに、1～50までの数字カードを渡し、よく切って4人に配る。同じ枚数を配り、あまりは場に出す。
❸ 一人ひとり、自分の手持ちのカードから1枚を選んで場に出す。
❹ 4人で相談して場に出したあまりのカードと各自の出した4枚のカードを小さい順に、ある程度の間隔を取って並べる。
❺ じゃんけんで勝った子から、7並べのルールで場に出ているカードのとなりにカードを並べていく。並べられない場合はパス。早く手持ちのカードがなくなった子が勝ち。

ポイント

● カードを並べながら、場所が狭くなってきたら間隔を調整していく。

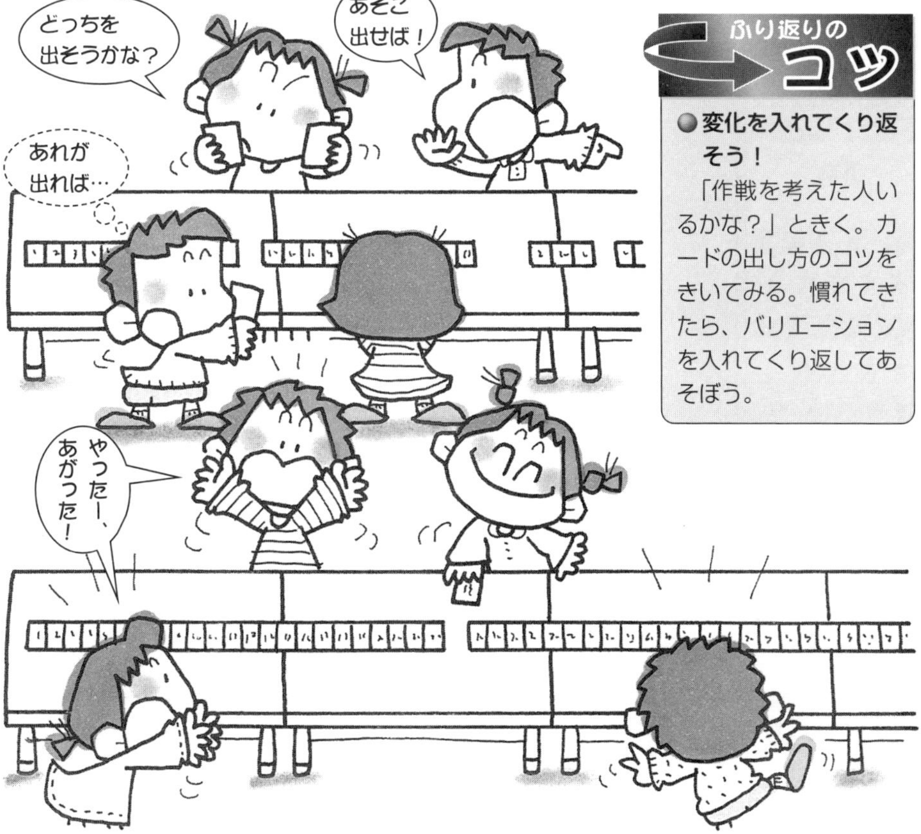

ふり返りのコツ

●変化を入れてくり返そう！

「作戦を考えた人いるかな？」ときく。カードの出し方のコツをきいてみる。慣れてきたら、バリエーションを入れてくり返してあそぼう。

バリエーション1

●1つおき並べ

1つおきにカードを並べるルールでやってみよう。最初に奇数のカードだけを配る。あとは、同じルールでよってみよう。同様にして、偶数のカードだけを配ってやる方法もある。

バリエーション2

●縦横に並べて

カードを増やし、縦横 10 × 10 のマトリクスに並べる。15 のカードのとなりに並べられるのが横方向の 13 と 14 の 2 枚だけでなく、縦方向に 5 や 25 も並べてよいことにする。最初は 10 × 10 の枠をつくり、その上に置くとわかりやすい。慣れると作戦も立てられる。

11 たし算トランプ いくつといくつ

DATE

利用可能な教科

算数

手軽さ

★★★★★

熱中度

★★★★☆

繰り返し可能

★★★★★

学力定着度

★★★★★

あわせて６になるもの
なし
なし
やった！
もらえた！

コンセプト

トランプで楽しくあそびながら数の合成、分解が覚えられる。

やり方

❶ 4 ～ 5 人のグループをつくり、机を田の字型にする。
❷ 絵札を除き、1 ～ 10 までの 40 枚を使う。
❸ 裏返しにして中央に重ねて置き、1 枚を場に開ける。
❹「あわせて○になるもの」と、任意の答えを決め、中央の山から 1 枚めくり、場にあるカードの中から答えの数がつくれれば、その 2 枚のカードを取る。決めた数と同じ数のカードは 1 枚で OK！　答えがつくれない場合、順番を替わる。場にカードがなくなったら、場から 1 枚開ける。
❺ 中央のカードがなくなるまでに、1 番多く取った人が勝ち。
❻ 答えの数を変えてくり返す。

ポイント

- ここでは、2 つの数の合成、分解の学習なので、3 つの数の合成にまで広げない方がよい。
- カードをめくったら、隠さずにみんなに見せる。
- 「あわせて 6 になるもの」の場合、「7 ～ 10」のカードは、はずれになる

あわせて6になるもの
「あ、1と5で
6だ！」
ここにあるよ！

ふり返りのコツ

● おぼえたかな？

「6になる数を覚えたかな？」ときく。

「6は5」と「1」
「6は4」と「2」
「6は3」と「3」
と言わせて、たしかめよう。

バリエーション1

● ひき算でやろう！

2つのカードの大きい方から、小さい方をひいて、「ひいて6になるもの」など指定された数になればOK。

バリエーション2

● くり上がりのあるたし算、くり下がりのあるひき算でもやろう！

13までのカードを使い、くり上がりのあるたし算、くり下がりのあるひき算を入れる。トランプの数で足りなくなったら、数字カードで、14、15、16、17、18、19をつくる。

12

かけ算ビンゴ

DATE

利用可能な教科

算数

手軽さ

★★★★★

熱中度

★★★★★

繰り返し可能

★★★★★

学力定着度

★★★★★

コンセプト

かけ算九九のくり返し学習に最適。マス目のノートさえあれば、すぐできる。2年生はビンゴに燃える。

やり方

❶ 教師が何の段の九九のビンゴにするか決める。
❷ 子どもは算数のノートを利用し、9個のマス目に指定された段の答えをランダムに書いていく。
❸ 教師が九九の問題を読み上げ、全員で答えを言う。(慣れてきたら答えは言わない。) 四七のようなまちがえやすい九九を、わざと何回か出題してもよい。
❹ 子どもは答えの数字に○をつけていき、ビンゴになったら、「ビンゴ！」と言って立つ。以後立ったまま続ける。
❺ 教師が5題くらい出題した時点で終了する。

ポイント

- 慣れてきたら、どんどんスピードアップする。
- 覚えにくい段の九九は何回もくり返す。

ふり返りのコツ

●おぼえにくい九九は？

「○の段の九九を覚えたかな？」「まちがえやすい九九はなにかな？」とききき、九九の定着をはかろう。

バリエーション1

●2人組でやろう！

となり同士で同じ答えのビンゴをつくる。喜びが共有でき、親近感を高め、答え合わせにもなる。答えを書くときは、交代に場所を決めていく。

バリエーション2

●ひき算や、たし算でやろう！

同じ数字からひいていく問題（10 − 1、10 − 2、10 − 3…）や同じ数字にたしていく問題（9 + 1、9 + 2、9 + 3…）がよい。　問題は板書する。ノートに答えを9個書き、ビンゴをする。

13

カードで九九勝負

DATE

利用可能な教科

算数

手軽さ

★★★★★

熱中度

★★★★☆

繰り返し可能

★★★★★

学力定着度

★★★★☆

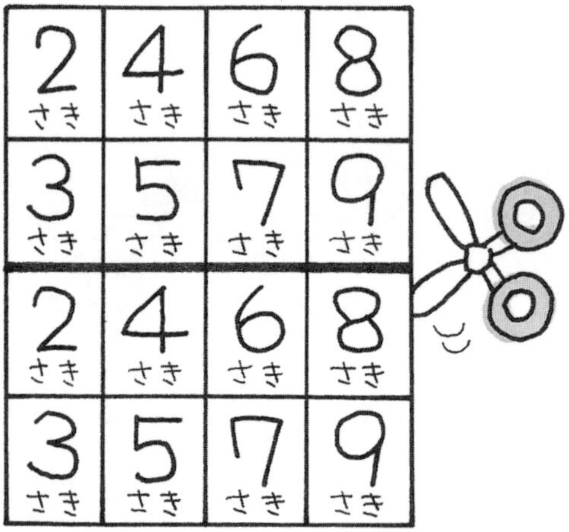

コンセプト

かけ算九九を使って勝負をしながら、カードであそぼう。楽しみながら九九を復習できる。

やり方

❶ 八つ切り画用紙を16等分させ、2から9の数字を書いたカードを2組（8枚×2）つくらせる。（名前も書かせておく。）

❷ 2人組をつくり、机を向かい合わせにして、各自右左に1組ずつ裏返しに置いたカードを同時にめくる。

❸ 2枚のカードをかけ算した答えの大きい方が、相手のカードをもらえる。答えが同じだった場合は、もう一度やる。もう一度やって勝った方が引き分けのカードをもらえる。

❹ カードがなくなったときに、多くもっていた方が勝ち。

❺ カードを重ねる順序は、ランダムでもよいし、作戦を立てて順序を決めてもよい。

ポイント

- 自分が出したカードの九九を声に出して言わせ、相手の言った九九があっているか、よく聞かせる。
- 九九を忘れた子には教えてあげることにする。

「三七 21 …」
いっせーのーせ！
「七四 28 ！
ヤッター、勝った！」

ふり返りのコツ

●楽しく遊べたかな？ときいてみよう。

九九が苦手な子にとっては、「わからないとき、教えてもらえたから、楽しかった。」という子もいるかもしれない。

バリエーション1

●3人、4人…と、人数を増やしてやってみよう！

その際、カードが混ざらないように、勝った人はおはじきを1つ取っていくようにするとよい。おはじきを多く取った人が勝ち。

バリエーション2

●たし算やひき算でやってみよう！

たし算は、2枚のカードをたし算して、答えの大きい方が勝ち。ひき算は、大きい数字から小さい数字をひいて少ない方が勝ち。

いずれの場合も、声に出して式と答えを言わせよう。

14

サインを集めよう！

DATE

利用可能な教科

生活・学級開き

手軽さ

★★★★☆

熱中度

★★★★★

繰り返し可能

★★★☆☆

学力定着度

★★★☆☆

コンセプト

4月の学級びらき、縦割り班など初対面の人が多い時に最適。自己紹介しながら名前を覚えられ、サイン帳にもなる。

やり方

❶ サインをしてほしい子に「おはよう」(「こんにちは」) と、声をかける。

❷「私の名前は○○です。ここにサインをしてください。」と言って自由帳やサイン帳にサインをしてもらう。

❸ サインをしてあげた子は、「私の名前は○○です。私にもサインをしてください。」と言って、逆にサインをしてもらう。

❹ お互いにお礼を言う。

❺ できるだけ、たくさんの子のサインを集める。

ポイント

● 最初にすてきなサイン帳 (サイン専用ノート) をつくってあげると、喜んで活動する。

おはよう…
こんにちは
私の名前は
リサです。
ぼくも
もらいたいな～

ふり返りのコツ

サインを紹介しよう!

「何人のサインをもらったかな?」「どんなサインをもらったかな?」ときいてみる。もっと多くの人とふれ合って、サインをもらいたくなる。

＊参考文献　有田和正著　「学級づくりと社会科授業の改造」　明治図書

バリエーション1

たくさんの人のサインをもらおう!

他のクラス、他学年、先生、学校で働く人、家の人、近所の人、お店やさん…と、どんどん対象を広げていかせ、どんなサインをもらったか発表させる。

バリエーション2

仲間を集めよう！

サッカーがすきな人、アイスクリームがすきな人など、仲間集めをする。

15 ドミソでフルーツバスケット

DATE

利用可能な教科

音楽

手軽さ

★★★☆☆

熱中度

★★★★☆

繰り返し可能

★★★★☆

学力定着度

★★★★☆

コンセプト

フルーツバスケットをしながら、音を聴き分けよう。

やり方

❶ ド・ミ・ソのグループに分け、カードを持たせる。
❷ 人数より1つ少ない椅子を円く並べ、内側を向かせる。鬼はオルガンのそばにいる。
❸ 鬼はドミソのどれかの音を3回オルガンで鳴らす。(例ドドド)聴いている子は口々に何の音だったか答える。
❹ 鬼が正解を言ったタイミングで、該当した子は席を立ち、他の椅子に座る。鬼もこのタイミングで空いた席に座る。
❺ 座れなかった人が次の鬼になる。
❻ 鬼が全部の音（ドミソの和音）を出したときは全員が動かなければならない。

ポイント

- 鬼もすぐ座れるように、オルガンは椅子の近くに置く。
- 音の種類はもっと多くしてもよいが、近い音（ドとレなど）だと聴き取りにくい。

ふり返りのコツ

● 楽しくできたかな？

「自分の予想があたって楽しかった。」「鬼になったときオルガンが弾けて楽しかった。」という子がいるだろう。

＊参考文献　八木正一監修　山田潤次・山中　文「遊び・ゲームでつくる音楽授業」学事出版

バリエーション1

● 和音を聴き分けよう！

ドミソ（C)、シレソ（D)、ドファラ（F）の3つの和音のグループに分ける。鬼はどれかの和音を弾き、答えを言う。

バリエーション2

● 音色を聴き分けよう！

机の下などの見えないところに4種類の楽器（タンブリン、鈴、カスタネット、トライアングルなど）を隠しておく。鬼はどれかの楽器を鳴らす。

16

いれて。いいよ。

DATE

利用可能な教科

道徳・学活

手軽さ

★★★★☆

熱中度

★★★★★

繰り返し可能

★★★☆☆

学力定着度

★★★☆☆

コンセプト

「いれて。」「いいよ。」は、大事な言葉。「いれて。」と声をかけて、すぐに「いいよ。」と言ってもらう心地よさをゲームで体感させよう。

やり方

❶ クラスをＡＢＣＤ４つのグループに分け、教室の床にグループごとにまとまって座らせる。
❷ 最初にＡグループが、「いれて」と、声をかけ、どこかのグループに入れてもらう役をやる。
❸ 全員分の名前の書いてあるくじを用意し、Ａグループの子１人がくじをひく。同じグループの場合は引き直す。
❹ ひいた名前の子に、「○○ちゃん、ぼくもいれて。」と頼む。
❺ 頼まれた子は立って、すぐに「いいよ。」と答え、自分のグループの子に「○○ちゃんもはいったよ。」と伝える。
❻ 伝えられたグループの子は、すぐに大きな声で「いいよ～。」と、返事をしていれてあげる。
❼ Ａグループ全員が同じことをくり返し、ＢＣＤは「何人仲間がふえたか」で勝敗を決める。

ポイント

- 一度ひいたくじは除いておき、４回戦くりかえすと、全員の子がくじをひいたり、ひかれたりする体験できる。
- 「いいよ～」は、明るく楽しそうに言わせる。

ふり返りのコツ

●いいよって言われてどんな気持ち？

「いれて。」と言って、みんなが「いいよ。」と言ってくれたとき、どんな気持ちだったかきいてみよう。

★相手に近づいて、相手の目を見て、聞こえる声で、そして笑顔で話させる。

＊参考文献　国分康孝監修・小林正幸、相川充編著「ソーシャルスキル教育で子どもが変わる」図書文化

バリエーション1

●３人グループであそびの約束をしよう！

Ａ　「今日あそべる？」
Ｂ　「うん。ＣちゃんＤちゃんも一緒だけどいい？」
Ａ　「いいよ。」
Ｂ　「Ａちゃんがはいったよ。」
ＣＤ「いいよ。」

くじは使わずに、ロールプレイを楽しむ。

バリエーション2

●一緒に帰ろう！

Ａ「Ｂちゃん、一緒に帰ろう。」
Ｂ「いいよ。Ｃちゃんも一緒だよ。」
Ａ「いいよ。」
Ｂ「Ｃちゃん、Ａちゃんも一緒に帰ろうって。」
Ｃ「いいよ。」

これもロールプレイで楽しむ。

17 そうですねえ！

DATE

利用可能な教科

国語・学活

手軽さ

★★★★★

熱中度

★★★★★

繰り返し可能

★★★☆☆

学力定着度

★★★★☆

コンセプト

自分が言ったことに共感してもらえると、とてもうれしい。みんなで一つの提案にのってみると、クラスの一体感が高まる。

やり方

❶ 教師が示範をする。教師が言ったことに、どんなことでも「そうですねえ！」と、言わせる。右頁の例をもとにやってみる。
❷「そうですねえ！」は、なるべく抑揚をつけて、うれしそうに言わせる。
❸ 各自で文を考えさせる。ノートに３文でつくらせる。３文は続きの文になるようにさせる。
❹ 書けたら、前に出て、みんなに向かって言わせる。
❺ １文を言うごとに、みんなで「そうですねえ！」と言う。

ポイント

- 人が傷つくようなことは書かせない。
- 第１文を共通とし、全員がその文から始まるようにすると、考えやすい。「秋ですねえ！」「あれは、○○先生ですね！」
- 第３文は、少し現実離れをしたことを書かせると楽しい。「～しちゃいましょうか？」「今すぐみんなで～しましょうか？」

例 1）

①もうすぐ、給食ですねえ。

「そうですねえ！」

②きょうは、くりごはんだから

早く食べたいですねえ。

「そうですねえ！」

③うちのクラスだけ早く食べちゃいましょうか。

「そうですねえ !! 」

例 2）

①いい天気ですねえ。

②こんな日はどこかに行きたいですねえ。

③みんなで、ディズニーランドでも行きましょうか。

例 3）

①私たちは２年１組ですねえ。

②２年１組はいいクラスですねえ。

③２年１組はきっと世界一のクラスですね。

ふり返りのコツ

●気分はどうだった？

自分が言ったことに「そうですねえ！」と、言ってもらったときの気分はどうだったか、きいてみよう。

＊参考文献　子どものコミュニケーション研究会編　有元秀文、輿水かおり監修　「子どもとマスターする49の話の聞き方・伝え方」合同出版
☆参考番組フジテレビ系「笑っていいとも」

バリエーション1

●グループの中でやろう！

4、5人のグループでやる。グループの中でいちばん楽しかった文を選んでみんなの前で発表し合う。

バリエーション2

●意見を言ったら、「そうだね。」

グループで話し合いをする。だれかが意見を言ったら「そうだね。」とあいづちをうつ。

18 文字のイメージで発音練習

DATE

利用可能な教科

国語

手軽さ

★★★★★

熱中度

★★★★☆

繰り返し可能

★★★★☆

学力定着度

★★★★☆

コンセプト

文字の形や大きさから声をイメージさせ、発音練習をしよう。はっきりと、大きな声で音読したり、せりふを言えたりできるようになる。

やり方

❶ 足を床から離させない。「足の裏を床にぴったりつけましょう。」
❷ 胸を上げさせる。「あばら骨を持ち上げましょう。」
❸ たっぷり息を吸わせる。「鼻からいっぱいに息を吸い込みましょう。」「口からゲンコツの息を飲み込みましょう。」
❹「バ！」で大きな声を出す練習をさせる。「口の中で声を爆発させます。さん、はい。」
❺「今のはこのバです。」（一番小さいバをさす。）「今度はこのバを出しましょう。」（一番大きいバをさす。）
❻「今のはこのバでしたね。」（中くらいのバをさす。）「今度こそこのバを出しましょう。」（一番大きいバをさす。）
❼「そうです。その声でバ！ビ！！ブ！べ！ボ！」と言ってみましょう。

ポイント

● 学芸会・発表会などの前にやらせるとよい。

口の中で声を
爆発させます。
さん、はい。
バババ
バ!
バ!
バ!

ふり返りのコツ

わかったかな？

「口の中で声が爆発すると、顔全体がひびいたことがわかったかな?」ときいてみよう。

＊参考文献　阿部肇著『学芸会のつくり方』学事出版

バリエーション1

ア行の練習をしよう！

「口を大きく動かそう！」
- ひらめいた。ア！
- 大きらいだ。イーッ！
- 飲み込んじゃった。ウッ！
- うんこふんだ。エーッ！
- エイエイ　オー！

バリエーション2

50音の練習をしよう！

50音表を黒板にはり、教師の示範のあとについて、一行ずつ言わせる。

「カ行は声のヤリです。
声のヤリをつきさしましょう。
カ！ キ！ ク！ ケ！ コ！ はい。」

19

九九でなぞなぞづくり

DATE

利用可能な教科

算数・国語
図工

手軽さ

★★★★☆

熱中度

★★★★★

繰り返し可能

★★★☆☆

学力定着度

★★★★☆

コンセプト

子どもたちは、だじゃれやなぞなぞが大すきである。なぞなぞづくりで、九九の定着をはかろう。

やり方

❶ 八つ切り画用紙を1/4に切ったカードを渡し、九九のなぞなぞをつくる。
❷ はじめに「西さんは何才でしょう？」「8才！」「そうです。2×4＝8　にしがはちだから8才です。」のなど5、6問のなぞなぞを解かせ、例を示す。
❸ 九九表を開かせ、九九の読み方（ひらがな）に着目させて、意味のありそうなものを見つける。
❹ カードの上の方になぞなぞ、下の方になぞなぞに合う絵を描かせる。式や答えは書かない。
❺ 45分で、少ない子でも1、2枚。多い子は何枚もつくることができる。

ポイント

- カードの見本をつくっておくと、わかりやすい。
- 少し言い方をかえたり、九九が離れたりしてもいいことにする。
（はちし→はっし、はし・さんく→サンキュー・くは→くわ）
（しちめんちょうに、はは何本？）

例

- 西さんは何才?
  2×4=8(才)
- はちさんブンブン何匹とんでる?
  8×3=24(匹)
- やまださんに、何個あめあげた?
  3×2=6(個)
- しっしとのらねこ、
  何匹おいはらった?
  4×4=16(匹)
- さざんかの花いくつさいた?
  3×3=9(つ)
- ろくろくびのくびの長さは?
  6×6=36(cm)
- 木についてる葉っぱは何枚?
  8×8=64　64枚
- 先生の顔のしわは何本?
  4×8=32　32本
- 肉屋さんで買ったお肉はいくら?
  2×9=18　18円

ふり返りのコツ

なぞなぞ大会を開こう!

グループでなぞなぞ大会を開こう。「誰のなぞなぞが面白かったかな?」ときいてみよう。

▼ゆうた

バリエーション1

だじゃれ集

なぞなぞだけでなく、九九のだじゃれ集や九九のマンガ集も楽しい。

バリエーション2

つくったカードを絵本にしよう。

半分に折ってのり付けをしていく。表紙をつける。

20

歌のリレーをつなげよう

DATE

利用可能な教科

音楽

手軽さ

★★★★★

熱中度

★★★★☆

繰り返し可能

★★★★☆

学力定着度

★★★☆☆

コンセプト

普通の歌も、1拍ごとに区切って歌ったらどんな感じになるかな？　歌のリレーがうまくつなげたらすごい！

やり方

❶「雪」をみんなで歌う。

❷全員を4グループに分け、グループごとに歌う場所を指定する。（右ページ参照）

❸とぎれないように歌う。

ポイント

- 手拍子をうち、「123はい」と声をかけ、教師がグループを指示してリズムをとると、歌いやすい。
- 休みのグループは、大きくうなずくなど、動作をつける。

1「ゆー」　2「きや」　3「こん」　4「こ」
1「あら」　2「れや」　3「こん」　4「こ」
1「ふっ」　2「ては」　3「ふっ」　4「ては」
1「ずん」　2「ずん」　3「つも」　4「る」
1「やー」　2「まも」　3「のは」　4「らも」
1「わた」　2「ぼうし」3「かぶ」　4「り」
1「かー」　2「れき」　3「のこ」　4「らず」
1「はな」　2「がさ」　3「く」　4「（うん・休み）」

ふり返りのコツ

●とぎれないように…

「とぎれないで歌えたかな？」ときく。グループでリズムのとり方の工夫を紹介し合う。

バリエーション1

●小グループでやってみよう！

4人の小グループで同じようにして歌ってみよう。1人でも合わないとむずかしい。リズムをしっかりととり、休むところを確かめよう。

いろいろな歌に挑戦してみるのも楽しい。

バリエーション2

●楽器でやってみよう！

歌でなく、鍵盤ハーモニカなどの楽器でもやってみよう。これもリズムをしっかりととることが大切。1234の順番でなく、ハンドベルのように1人1音ずつ「ド」「レ」など、音階を当てはめる方法もある。

21

指遊びで鍵盤名人に

DATE

利用可能な教科

音楽

手軽さ

★★★★★

熱中度

★★★☆☆

繰り返し可能

★★★★★

学力定着度

★★★★★

コンセプト

鍵盤ハーモニカの基本的な指使いを覚えさせたい。鍵盤を用意しなくても、歌いながら指使いを覚えられる。

やり方

❶ 指使いの基本を確認する。(1の指は親指。2の指は人差し指。3の指は中指。4の指は薬指。5の指は小指。)

❷ 教師が指示した指同士をくっつけさせる。
(1と言ったら両手の親指をくっつける。3と言ったら中指同士をくっつける。)

❸ ド〜ソの鍵盤だけを使う、8小節程度の簡単な曲を正しい指番号で歌えるようにさせる。
(例：かっこう　ソミ・、ソミ・、レドレドーは、53・、53・、2121－と歌う。)

❹ 両手の指をくっつけながらできるように練習させる。

ポイント

- 慣れるまでは、2小節くらいで区切ってやってみる。
- できない子には、つめに番号の書いたシールを貼ったり、教師の左手と合わせていっしょにやったりする。

3

ふり返りのコツ

楽しくできたかな？

「楽しくできたかな?」ときいてみよう。できない子には「どこがむずかしかったかな?」ときいてみよう。

わらべうたを使って指の訓練（この歌を演奏する指使いではありません。）

いちに　さん
にのしのご
さん いち にのしの
にのしのご

バリエーション 1

歌あそび風にやってみよう！（上記の楽譜）

1 2 3、2の4の5
3 1 2の4の2の4の5

何人かできはじめると、自分もマスターしたくて休み時間まで夢中になってやる子がでてくる。

バリエーション 2

イレギュラーな指使い

2年生では特殊な指使いが出てくる。例えば、ドドミソの指使いを1 1 3 5ではなく、1 1 2 3とする場合がある。間違えやすいところは、この方法で何回も練習させると覚えやすい。

22

新幹線はうんと走る

DATE

利用可能な教科

体育

手軽さ

★★★★★

熱中度

★★★★☆

繰り返し可能

★★★★☆

学力定着度

★★★☆☆

コンセプト

子どもたちは歌って体を動かすあそびが大すき。教師がまずのって、歌ってゴー！

やり方

❶ 体育館で、教師の周りに子どもたちが広がって立っている状態で教師が歌う。（「どんぐりころころ」の替え歌で）
「新幹線はうんと走る　新幹線はうんと走る　うんと　うんと　うんと走る　うんと　うんと　うんと走る」

❷ 次は、子どもたちと一緒に歌いながら「うんと」のところでトイレのようにしゃがんで立つ動作を入れる。

❸ 歌い終わったら、「走れ！」と声をかけ、速く走る。

❹ 教師の合図で集合したら、教師が次の歌を歌い（バリエーション１参照）同様にして動いていく。

ポイント

● バリエーションの動きは、子どもたちからアイデアを出させる。

ふり返りのコツ

●楽しい動きは？

「どんな動きが楽しかったかな？」ときく。表現運動での子どもたちの様子をみていく。

※クラスの子どもたちが親しくなりきれていない場合は、ねじれから入ったほうが、スムーズに導入できる。

＊参考文献　第46期東京都教育研究員　小学校体育科　表現リズムあそび「運動あそび集60選」

バリエーション1

●いろいろな動作で

「スーパーボールはうんとはねる」「こんにゃくはうんとねじる」「コマはうんと回る」「氷はうんと解ける」など、動作を表すものをどんどんとり入れて新しい動きを行う。

バリエーション2

●グループで相談

グループごとに、「○○はうんと△△」になる動きを発表させる。グループのメンバーで動きをそろえたり、わざとずらしたりできる。新しいアイデアが出なかったら、やったものの中からでももちろんOK。

23

チェッチェッコリでGO！

DATE

利用可能な教科

体育

手軽さ

★★★★★

熱中度

★★★★☆

繰り返し可能

★★★★☆

学力定着度

★★★☆☆

コンセプト

チェッチェッコリを歌って踊って、楽しもう！　他の動作と組み合わせると楽しさ倍増！

やり方

❶ 体育館で、教師の周りに子どもたちが広がって立っている状態で、チェッチェッコリの踊りを歌って踊る。(右ページ参照)

❷ 歌と踊りを覚えたら、徐々にスピードを上げていく。

ポイント

- 教師が恥ずかしがらずに歌って踊れば、子どもたちものってくる。
- 教師がリズム太鼓でテンポを取るとスピードの加減がうまくできる。
- CD「年齢別あそびうた3～5歳向」(COCX-31353) にスローから、スピードアップの歌がある。

両手を腰にあて
左右に振る

チェッチェッコリ

両手を肩にあて、肩と
腰を左右に振る

チェッコリサ

ふり返りのコツ

●楽しい動きは？

バリエーションの動きをした後で、「どんな動きが楽しかったかな？」ときく。表現運動での子どもたちの様子をみていく。

両手を頭に置き
頭と腰を左右に振る

リサンサマンガン

両手を上にあげ、
両手と腰を左右に振る

サンサマンガン

ひざを 1 回たたく

ホンマン

ひざを 2 回
速くたたく

チェッチェッ

バリエーション 1

●いろいろな動作で

教師のリズム太鼓の合図で踊りをストップ！　「かけっこ」「おにごっこ」「いす取りゲーム」などいろいろな動作を指示する。合図で再び歌って踊る。動作はいろいろと工夫できる。子どもたちからのアイデアもOK ！

バリエーション 2

●踊りを工夫して

チェッチェッコリの歌と踊りは、簡単なのですぐに覚える。ある程度踊りになれたら、振り付けを子どもたちに考えさせてみよう。さらに楽しくなってくる。

24

低学年でも新聞づくり

DATE

利用可能な教科

国語・生活科

手軽さ

★★★☆☆

熱中度

★★★☆☆

繰り返し可能

★★★★★

学力定着度

★★★★☆

コンセプト

新聞づくりは、低学年には難しい？　いえいえそんなことはない。ワークシートを工夫すれば、低学年でも立派な新聞がつくれちゃう。

やり方

❶ 新聞用のワークシートをつくる。（B４画用紙　右ページ参照）
❷ 学習したことや体験したことを、ワークシートの吹き出しに書きこんでいく。
❸ タイトルを書き、名前、日づけを入れる。

ポイント

- １つの枠に、１つのことを書きこむようにする。
- 画用紙に直接書くのではなく、紙に書いた記事に吹き出しの枠を付け、切り取って画用紙に貼る方法もある。たくさんの記事を書きたい場合も吹き出しの数を増やして対応できる。

バリエーション

●デジカメを使おう！

子どもに描かせた絵を入れるのもよいが、教師がデジカメで撮った写真を入れると、より一層新聞らしくなる。校外学習の時など、デジカメで写真を撮り、プリントしたものの中から、自分の新聞にあったものを選ばせる。

ふり返りのコツ

●新聞を展示しよう！

「どういうところがいいかな？」ときく。自分や友達も含めて作品のよさを見つけさせる。

こうえんしんぶん　月　日
名前

いろんなはながさいてたよ。きいろいはながきれいだった。
しろいはなやあかいはなもあったよ。

このこうえんには、ゾウのすべりだいがあるよ。はなのところがすべりだいになっているよ。

ぼくは、このこうえんでブランコにのるのがすきだよ。おもいっきりこぐときもちがいいよ。

25 もしも作文で想像力アップ

DATE

利用可能な教科

国語

手軽さ

★★★★★

熱中度

★★★★☆

繰り返し可能

★★★★☆

学力定着度

★★★☆☆

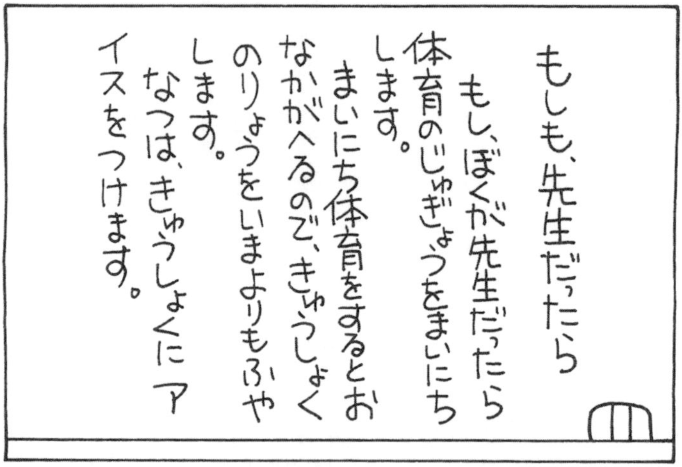
もしも、先生だったら
もし、ぼくが先生だったら
体育のじゅぎょうをまいにち
します。
まいにち体育をするとお
なかがへるので、きゅうしょく
のりょうをいまよりもふや
します。
なつは、きゅうしょくにア
イスをつけます。

コンセプト

「もしも…」と考えただけで、頭の中には想像がいっぱい。いろんな「もしも」の作文を考えて、想像力をアップ！

やり方

❶「もしもあなたが先生だったら、何がしたいですか？」ときく。出された考えを箇条書きに板書する。

❷Ｂ５サイズの紙（縦罫線入り）を用意し、板書を参考にして短作文を書かせる。

❸時間は15分程度で区切る。

❹４人グループの中で、できた作品を順番に読み合う。

ポイント

- 「もしも」の例をきいた時に、どんな考えが出ても認める。
- 作文が苦手な児童には、１対１で対応し、「何がしたい」と、インタビューしていき、そのことを書かせる。

もしも、生まれ変わったら、魚になって…
もしも、台風で学校がこわれたら、その後をグランドにして…

ふり返りのコツ

●いろいろな想像で楽しもう！

「誰の作文が面白かったかな？」ときく。想像力を働かせて楽しんでいる様子をみていく。

バリエーション1

●ウソ作文

ふつうは、したことや見たことを書くのが作文だが、してないことや見てないことを作文に書いてみよう。題して「ウソ作文」。想像力を発揮して、盛大なウソを書いてみよう。

例：無人島に行った。
　　オリンピックに出た。

バリエーション2

●なりきり作文

「物」になりきって作文を書いてみよう。「もしもボールになったら」では、「ぼくはボールだ。○○君が、ぼくを…」と、書き出しを指定すると書き始めやすい。

26 おすすめの１冊

DATE

利用可能な教科
国語

手軽さ
★★★☆☆

熱中度
★★★☆☆

繰り返し可能
★★★★★

学力定着度
★★★★☆

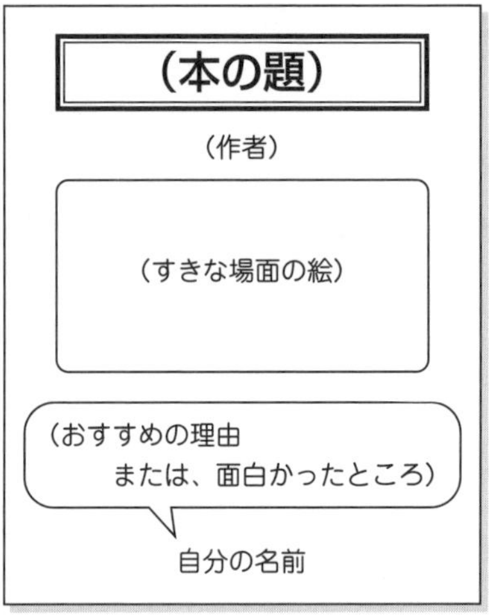
（本の題）
（作者）
（すきな場面の絵）
（おすすめの理由
または、面白かったところ）
自分の名前

コンセプト

絵と文で、おすすめの本をみんなに紹介しよう。これを見て読書量が増えることうけあい！

やり方

❶ 友達にすすめる本を紹介することを予告し、１～２週間の間に、本を選ばせる。
❷ ワークシート（上図・Ｂ５サイズ）にしたがって、題・作者・絵・おすすめ理由または面白かったところを書く。
❸ できた作品を掲示する。

ポイント

- 表紙や本のさし絵をまねて描いてもよいことにする。
- できるだけ本の実物も教室に置いておくとさらに関心が深まる。

この本、面白そうだな。
これ、読んでみよう。

ふり返りのコツ

●読書のきっかけにしよう！

掲示した作品を見て、「どの本を読んでみたいかな？」ときく。これをきっかけに読書の幅を広げさせる。

バリエーション1

●読書郵便で紹介しよう！

友達同士で手紙を書こう。ワークシートを手紙サイズの画用紙に印刷し、おすすめの本を書く。裏には友達の名前を。クラスで一斉に行う時は、全員がもらえるように、あらかじめ相手を決めておく。学校全体で取り組むこともできる。

バリエーション2

●読み聞かせをしよう！

紹介された本の中から選び、教師が読み聞かせをしよう。保護者のボランティアにお願いする方法もある。ワークシートは、掲示後に綴じて、「○年○組おすすめの本リスト」として活用することもできる。

27

名前図鑑

DATE

利用可能な教科

国語

手軽さ

★★★☆☆

熱中度

★★★★☆

繰り返し可能

★★★☆☆

学力定着度

★★★★☆

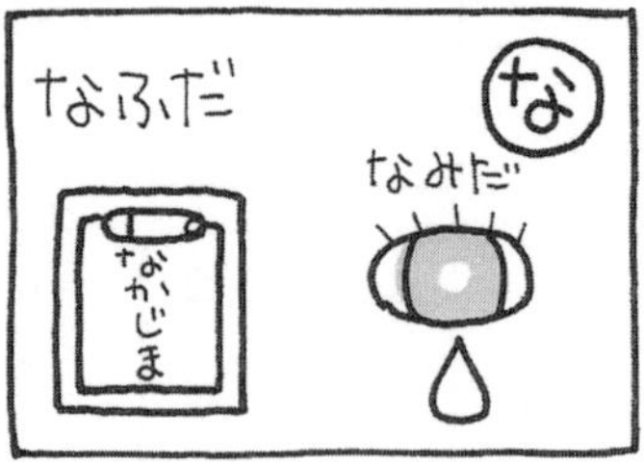

コンセプト

自分の名前で始まる言葉をいろいろと集めて、絵入りの「名前図鑑」をつくっちゃおう。

やり方

❶ 自分の名前の一文字から始まる言葉をたくさん集めて、ノートに書かせる。例：「なかじま」なら
な「なふだ」「なみだ」「なつ」…
か「かもしか」「かめら」「かもめ」…
じ「じめん」「じぶん」…

❷ 画用紙に名前の字「な」と、その字から始まる言葉の絵と字で気に入った物をかく。(上図)

❸ 1枚の画用紙に1文字ずつ、全部の文字を画用紙に書き、中表に貼り合わせて本にする。色画用紙で表紙をつける。

ポイント

- 言葉は1ページに2～3個程度にする。
- 言葉が思い浮かばない場合は、教師がヒントを出す。

ふり返りのコツ

みんなの図鑑を見てみよう！

できあがった「名前図鑑」をおたがいに見よう。「いろんな言葉があったかな？」ときく。友達の図鑑から、さまざまな語彙を広げていく。

バリエーション1

絵だけの図鑑もできる

ちょっとクイズ風に、絵だけで描いてみることもできる。キーワードとなる「物」の名前を当ててみよう。「けんだま」「しか」「ごりら」「むし」の絵なら、答えは「けしごむ」だ。

バリエーション2

名前の絵物語をつくろう！

名前の１文字から始まる言葉で絵物語もできる。「なみだをながした」「かもめがとんできた」「自分の名前をわすれちゃったって」「まどぎわにとまってたら」…ちょっと難しいけれど、中・高学年なら、チャレンジしてみよう。

28 おかしいところは？

DATE

利用可能な教科

算数・国語

手軽さ ★★★★☆

熱中度 ★★★★☆

繰り返し可能 ★★★☆☆

学力定着度 ★★★★★

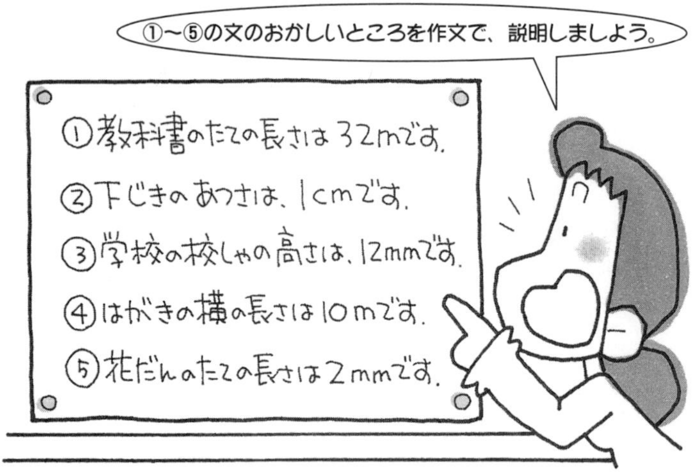
①〜⑤の文のおかしいところを作文で、説明しましょう。
①教科書のたての長さは32mです。
②下じきのあつさは、1cmです。
③学校の校しゃの高さは、12mmです。
④はがきの横の長さは10mです。
⑤花だんのたての長さは2mmです。

コンセプト

cm、mm、m と、いろいろな長さの単位が出てくると、子どもは混乱する。それぞれのイメージをしっかり定着させたい。

やり方

❶ 次のようなワークシートをつくる。(［　　］のところを考えさせる)。問題は板書する。

例 ［学校の校しゃの高さは 12 mm］と
いうのは、おかしいです。
どうしてかというと、もし、
［校しゃの高さが 12 mm しかなかったら、
すごく小さくて、人間が入ることができません。］
だから、これは、［12 m］のまちがいだと思います。

❷ 何人かに、発表させる。

ポイント

● 伸びた部分のツメ… 1 mm、親指のツメの幅… 1 cm、大股 1 歩… 1 m 等と、実際に測らせて、身体で覚えさせよう。

児童の作品（理由の部分のみ）

＊どうしてかというと、
校しゃの高さが 12 mm しかなかったら、

A　ぼくたちのゆびの先しか入りません。
ゆびがとれなくなっちゃうかもしれません。

B　ぼくたちは、きょうりゅうです。

C　雨でおぼれちゃうかもしれません。

ふり返りのコツ

●ユーモア作文コンテストをしよう！

「誰の理由が面白かったかな？」と、きこう。

ありきたりの理由を書く子も多いが、大人が思いつかないような楽しい発想をする子がいる。

校しゃの高さが 12 mm しかなかったら、
ありのふとんになって、みみずのくつになって、ちょうのぼうしになってしまいます。

▼あさか

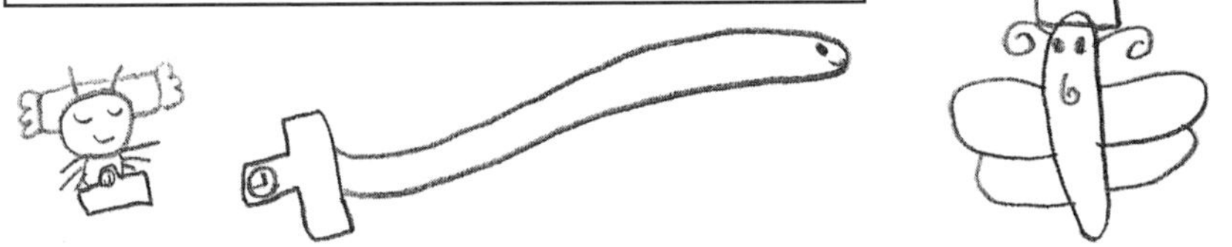

バリエーション1

●絵を描こう！

早く書けた子には、おかしい場面の絵を描かせる。

1 cm のしたじきを使っているところ、10 m のはがきをポストに入れようとしている人間など、絵で表すと楽しい。

バリエーション2

●問題をつくろう！

実際にいろいろなところを測りながら、単位だけ変えて、おかしい文の問題づくりをする。

29 おしゃべりえんぴつ

DATE

利用可能な教科
国語

手軽さ
★★★★☆

熱中度
★★★★☆

繰り返し可能
★★★★☆

学力定着度
★★★★☆

今度いっしょに行くとしたら、海がいい？山がいい？

(あ)あべ
(な)なかじま

(あ)私は山のほうがいいな。
(な)ぼくは海がいいな。
(あ)山のほうがすずしいし、けしきもきれいだよ。
(な)海はおよぐのが楽しいし、すなあそびもできるよ。

コンセプト

いわゆる筆談である、鉛筆対談をしよう。お互いの親近感が深まる。くり返しやっていくうちに、楽しく長く続けられるようになる。

やり方

❶ あらかじめ書きやすいテーマ（右ページ参照）を準備する。『2人で一緒に○○をするなら、何がいいか（どっちがいいか）』のように、協力して考えられるテーマがよい。
❷「今から5分間、とぎれないで続けること」と、「おしゃべりをするような口調で書くこと」というめあてを伝える。
❸ 2人組になり、書き出しをどちらにするかを決め、原稿用紙に質問を書いて、相手に渡す。
❹ 渡された方は、返事や質問を書いて返す。
❺ 5分終わったら、テーマや順番や相手を交代してくり返す。

ポイント

● 質問に対する返事はなるべく長く書かせる。「うん。」や「わからない。」などで終わってしまうとつまらなくなる。「海。」でなく、「ぼくは、海のほうがいいな。」のほうがよい。

テーマの例

●今日いっしょにあそぶとしたら、
外であそぶ？
家の中であそぶ？

●お弁当に持っていくとしたら、
おにぎりがいい？
サンドイッチがいい？

ふり返りのコツ

●発表会をしよう！

グループや、みんなの前で、書いたことを発表しよう。2人で、劇のように発表しよう。

バリエーション1

●2人でお話をつくっていこう！

2人の間ですぐ交替できるように、1人が1回に書く字数や行数の上限を決めておく。「いつ、どこで、だれが、何を、どうした」を考えながらつくらせる。3分間、とぎれないで同じお話を続けさせる。

バリエーション2

●テーマで話したことをもとに他己紹介をしよう！

おしゃべり鉛筆でわかった相手のことをグループのみんなに教えてあげる。

『○○さんは、貝を拾えるから海に行きたいそうです。』

30 どんな音がきこえるかな?

DATE

利用可能な教科

国語・音楽

手軽さ

★★★☆☆

熱中度

★★★☆☆

繰り返し可能

★★★☆☆

学力定着度

★★★★★

コンセプト

写真から想像できる音をカタカナで書こう。最後にみんなが想像した音を並べて詩にしてみよう。

やり方

❶ 波、花火、ジェットコースターなど擬声語がイメージできる写真3枚と吹き出しで構成したワークシートを用意する。
❷ 波の写真に合う擬声語をカタカナで吹き出しに書く。
❸ 書いたものを全員に発表させる。
❹ 重複しないように黒板に書いていく。
❺ 右頁の例「波」のように、子どもが発表した擬声語に、題名と最後の1行をつけたして詩にする。
❻ できた詩を全員で音読をする。
❼ 残りの2つのどちらかすきな写真を選んで、同じように1人で詩をつくらせる。

ポイント

● 音楽の教科書の見開きに、たくさんのカラー写真が出ている場合が多いので、それを利用するとよい。

波

ザーザー
ザブーン
ザバーン
バッシャーン
夏の海の音

ふり返りのコツ

●音がきこえてきたかな？

「写真からいろいろな音がきこえたきたかな？」「楽しかったことは？」ときいてみよう。みんなで考えると、いろいろな音の表し方があることがわかる。

私は、ザブーンって書いたよ。
ザバーンもいいね。

＊参考文献：『花火』（宇部　京子作）　作品構成としては、擬音語を21個並べたあと、「これでおしまい　なつのよぞら」とまとめてある。

バリエーション1

●グループで相談して１つの詩をつくろう！

各自が考えたあと、グループで意見を出し合い、１つの詩にまとめる。できた詩を、グループで群読の練習をして、発表する。

バリエーション2

●つくった詩の発表会を開こう！

グループの群読や個人の音読のしかたを考えて発表する。

31 7つみつけたよ！

DATE

利用可能な教科

国語・生活科

手軽さ

★★★★★

熱中度

★★★★☆

繰り返し可能

★★★★★

学力定着度

★★★★☆

コンセプト

教室から飛び出して、作文を書こう。テーマとなるものを見て、7つのことを番号をつけて書いてみよう7個できたらOK！

やり方

❶教師がテーマを決める。例「にわとり」「うさぎ」「桜の木」
❷バインダーにB5サイズの紙（縦罫線入り）をはさみ、筆箱を持って校庭に出る。
❸テーマのものをみつけて、みてわかったこと・思ったことを1から7の番号をつけて書いていく。(20分間)
❹教室に戻り、グループで発表し合う。
❺グループで一番よかったと思うものをお互いに選ぶ。選ばれた子は全員の前で発表する。

ポイント

- さわったり、においをかいだりと五感を使うと書きやすい。
- 7つみつけられない子がいたら、そばでどんどんヒントを出す。「○○があるね。」「これは△△になってるよ。」

①とさかが赤い…
②止まってないで
どんどん動く
③目が丸い……

ふり返りのコツ

視点に気をつけて！

「どうやって7つみつけたかな？」ときく。児童の対象に対するさまざまな視点をみていく。

バリエーション1

多ければ多いほど…

数を7に限定しないで、「多ければ多いほどいいね。」という方法もある。「どんなことでもいい。」と言っておくことが大切。一度「多いほどいい」を書くと、数を限定して書かせる時に書きやすくなる。

バリエーション2

始めと終わりをつける

7つをみつけることになれたら、始めと終わりの文も入れよう。始めは、「春を7つみつけた。」「タンポポをみて気づいたことが7つある。」というように。終わりは、「まとめると、…」という形にできればぐんと作文らしくなる。

32

ドキドキ学校探検

DATE

利用可能な教科

生活科

手軽さ

★★★☆☆

熱中度

★★★★★

繰り返し可能

★★★☆☆

学力定着度

★★★★☆

コンセプト

１年生は学校探検が大すき。最初は学級全体で行くけれど、次はグループごとにシールラリー。ドキドキ学校探検の始まり！

やり方

❶４～５人のグループごとに地図を１枚渡す。
❷全グループが同時に教室を出発し、グループごとに、地図に指定された場所（職員室・校長室・事務室・給食室・体育館・きょうだい学級の教室など）を探しに行く。
❸指定された場所に行き、そこにあるシールを地図に貼る。
❹全部終わったら、教室に戻って探検隊長（担任）に報告する。

ポイント

- シールに一文字を書いておき、全部集めるとある言葉になり、宝物が発見されることにする。
- １時間の授業時間に終わらなかった場合は、一度教室に戻ってから再度休み時間に探しに行く。
- 授業中に行うので、事前に教職員へ連絡しておく。

ふり返りのコツ

●探し方は？

「どうやって探したのかな？」ときく。指定された場所への行き方でポイントになった所を確認する。

バリエーション1

●グループの旗をつくろう!

グループで旗をつくってみよう。アサガオの支柱などに画用紙1枚をセロハンテープで貼って「○○がっこうたんけんたい」また、自分たちでつくったバッジを胸につけるのもいい。ちょっとした道具があるだけで、気分は大違い。ノリノリだ！

バリエーション2

●2年生の案内

2年生が案内をしてくれると、とても心強い。教室表示は、大人の頭より高いところにある。1年生の目の高さに2年生が書いた表示をつくったり、地図をいっしょに見て案内してくれると大助かりだ。2年生もお兄さんお姉さん気分！

33

校内借り物探検

DATE

利用可能な教科

生活科

手軽さ

★★★☆☆

熱中度

★★★★★

繰り返し可能

★★★☆☆

学力定着度

★★★★☆

はいどうぞ。
外で絵を描くときに使うよ。
画版を貸してください。
これは何に使う物ですか？

ばしょ	かりるもの	せつめい
おんがくしつ	たいこのばち	
じむしつ	くりっぷ	
ずこうしつ	がばん	

コンセプト

グループで学校探検した時に、ただ様子を見てくるのでは物足りない。その部屋にある物を借りてきて、クイズにしてみよう。

やり方

❶ 4～5人のグループで学校探検をする。
❷ グループごとに指定された場所（3カ所）で物を借りてくる。
❸ 次の時間に「これ、どこの物クイズ大会」を開く。各グループごとに、借りてきた物を出題する。
❹ 正解を言う時に、物の説明もする。

ポイント

- 借り物探検が1時間の授業時間に終わらなかった場合は、一度教室に戻ってから再度休み時間に探しに行く。
- 授業中に行うので、事前に教職員へ連絡し、その場所ごとの物を決めておく。

ふり返りのコツ

●探し方は？

「すぐにわかったかな？」ときく。特徴的な物に対する理解度を確認する。

……ヒントは、この上に紙をのせて使います。
これは画板です。どこのものでしょう？
図工室にあったー

バリエーション1

●何に使う物？

物を見せて、何に使う物かをクイズにする。給食室の大きな調理道具を借りてきて、「これは、何に使うのでしょうか？」と出題してみよう。大きかったり、壊れやすかったりして持ってこられない物については、教師が写真に撮って提示する。

バリエーション2

●拡大写真でクイズ

普段何気なく見ている物でも、その一部分を拡大して写真に撮ると、わかりにくい物もある。デジカメで写真に撮り、（できればマクロ撮影）拡大した物をクイズにしてみよう。グループごとに借りた物の中から選ばせる。決まったら、教師が撮影する。

34

人物インタビュー大作戦

DATE

利用可能な教科
生活科

手軽さ
★★★☆☆

熱中度
★★★★★

繰り返し可能
★★★★☆

学力定着度
★★★★☆

①
○○先生
いらっしゃい
ますか？
①
こんにちは、1年
1組の○○です。
今、お話をきいても
いいですか？
（名刺を渡す。）
いいですよ。

コンセプト

　校内で仕事をしている人のことを知るために、インタビューをしよう。1年生でインタビューの方法を覚えれば、いろいろな時に役に立つ。

やり方

❶ Ｂ６画用紙で名刺をつくる。年組名前、すきなことなどを書く。
❷ ２～３人のグループで２カ所インタビューをする。インタビュー相手（校内の教職員）は担任があらかじめ指定する。
❸ インタビューの項目を教え、**①挨拶**（上イラストを参照）**②質問**（右ページ中を参照）**③御礼**（右ページ下を参照）練習をする。
❹ 実際にインタビューに行く。インタビューは、指定された１週間の休み時間に行うこととし、事前に教職員に連絡しておく。
❺ 教室で報告会を開く。

ポイント

- インタビュー相手がわかるように、相手の写真を用意する。
- インタビューの内容は、メモをさせる。

②
お仕事は何をしていますか？
②
好きなことは何ですか？
4年1組の子どもに勉強を教えてます。
本を読むことです。
③
握手をしてください。
③
いろいろと教えてくれてありがとうございました。

ふり返りのコツ

●インタビューの実際は？

「うまくインタビューできたかな？」ときく。その時の様子をきいてみる。うまくいかなかったグループについては、インタビュー相手からも情報をもらう。

バリエーション1

●○○先生クイズ

インタビューしたことをそのまま報告するのではなく、クイズにしてみよう。「○○先生は、何年何組の先生でしょうか？」「○○先生のすきな食べ物は何でしょうか？」兄や姉、知っている子のいる担任などは、よけいに関心が高まる。

バリエーション2

●サインを集めよう！

サイン帳をつくり、インタビューした記念にサインをもらおう。また、友達や家の人にもインタビューしてサインをもらってよいことにすると、サインが増えてくる。インタビューの仕方もうまくなってくる。

35

落ち葉のプールであそぼう

DATE

利用可能な教科

生活科

手軽さ

★★★☆☆

熱中度

★★★★★

繰り返し可能

★★★★☆

学力定着度

★★★☆☆

コンセプト

秋の落ち葉をたくさん集めて、落ち葉のプールをつくってみよう。ふかふかで気持ちがいいよ。

やり方

❶ ダンボールを組み合わせて大きな箱をつくる。（150 cm × 100 cm × 50 cm ぐらい）外側を板で補強する。または、幼児用ビニールプールを用意する。

❷ 落ち葉を大量に集めて箱の中に入れる。

❸ プールの中に入ってあそぶ。

ポイント

- 雨のかからない室外や、机・いすのない多目的室などの室内で行う。
- 一度に何人も入ると箱が壊れることがあるので、大きさと一度にあそぶ人数のバランスを取ることが必要。
- 落ち葉は、学校だけでなく、地域の公園などに行って拾ってくるとたくさん集まる。

あった！
もっと
集めに
いこう！
やきいも
はやく
食べたいなー

ふり返りのコツ

秋を感じて…

「どんな感じだったかな？」ときく。落ち葉のプールに入った感触を大事にさせたい。

バリエーション1

宝探しゲーム

落ち葉のプールの中に消しゴムや定規、ビー玉など、ちょっとした物を入れてみよう。たくさんの落ち葉の中から見つけ出すのはなかなか難しい。時間を区切って何個見つけられるかやってみよう。

バリエーション2

落ち葉で焼き芋

プールでたっぷりあそんだ後は、たき火をして焼き芋を。芋をぬれた新聞紙、アルミホイルで包み、ちょっと掘った穴の中へ。その上で落ち葉のたき火をする。たき火の下では、おいしい焼き芋のできあがり！

36 植物ビンゴ

DATE

利用可能な教科

生活科

手軽さ

★★★☆☆

熱中度

★★★★★

繰り返し可能

★★★☆☆

学力定着度

★★★★★

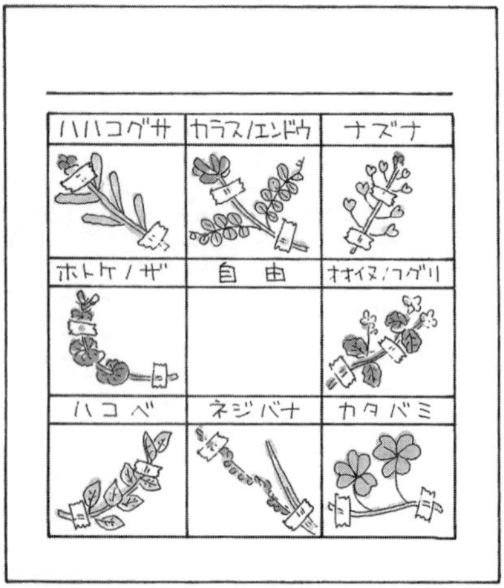

コンセプト

植物の名前が覚えられ、壁に掲示もできる。季節の植物を採集して、ビンゴに残そう。子どもたちも熱中する。時間内に何本ビンゴができるかを楽しむ。

やり方

❶ 校庭でよく見かける雑草を調べ、ビンゴカードをつくり、雑草を貼りつけた見本をつくっておく。
❷ 子どもは、バインダーにビンゴカードをはさみ、見つけた雑草をセロハンテープではっていく。
❸ 全部できた子から新聞紙にはさみ、押し花にする。
❹ 押し花ができたら、さらにセロハンテープやボンドで補強する。
❺ 木の枝、押し葉などで額縁をつくらせてもきれいだ。

ポイント

- 押し花にするので、厚みのある物は、避けるように伝える。
- 時間は特に制限しなくても、子どもたちは速さを競う。ゆっくりと探させる。
- 時間が来たら、見つからない子たちにある場所を教える。

ふり返りのコツ

● 情報交換をしよう！

「どうして、早くみつけられたかな？」「どうやって見つけたかな？」ときいてみよう。その子なりの情報の集め方を知ることができる。

バリエーション1

● 面白い形のはっぱを探そう！

バリエーション2

● セロハンテープビンゴ

タンポポの綿毛、サクラの花びら、ハコベや、オオイヌノフグリの花など、セロハンテープで採取できる小さな物ばかり集める。

37 季節のおくりもの

DATE

利用可能な教科

理科・生活科

手軽さ

★★★☆☆

熱中度

★★★★☆

繰り返し可能

★★★★★

学力定着度

★★★☆☆

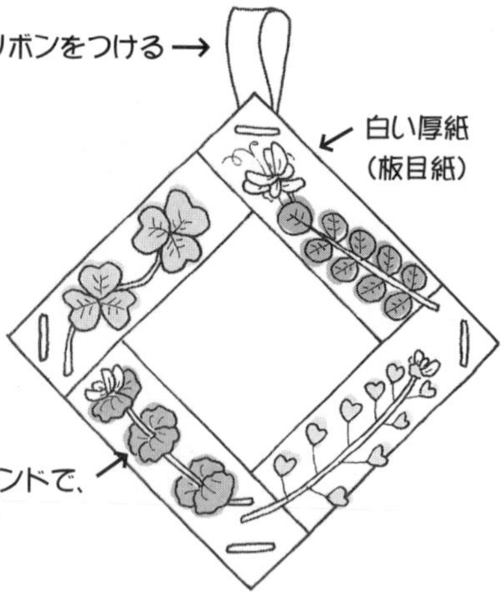

コンセプト

色とりどりの花が咲き乱れる春。雑草にも目を向けさせたい。季節のものを採集して、それをリースに残そう。

やり方

❶ 雑草の押し花をつくらせておく。
❷ 白い厚紙（板目紙）の切れ端（ごみになってしまうもの）があったら、集めておく。ない場合は、適当な幅で、同じ長さの紙を１人４本用意する。(2 cm × 15 cm など)
❸ ホチキスで四角形にする。リボンをつける。
❹ 木工用ボンドで、押し花をつける。

ポイント

- 花を採集する前に、採ってもいい花と、採ってはいけない花を教えておく。(または、学習の時だけ採っていい花など。)。
- 押し花にするので厚みのある花は採らないように指示する。
- 厚紙は、薄すぎても不安定。厚すぎてもホチキスでとめられない。
- 事前に教師が見本をつくっておくとよい。

押し花をつくる方法

自分の名前を書いたわら半紙に花をはさみ、それを新聞紙にはさむ。新聞紙をいくつも重ねて積み、その上から、重しをする。
1週間くらいしたら、できあがり。

秋のおくりもの

冬のおくりもの

ふり返りのコツ

●展示会を開こう！

どんな作品でも、それなりのよさがある。「だれの作品が気に入ったかな？」ときき、自分を含めたそれぞれのよさを具体的に見つけさせよう。

バリエーション1

●夏、秋、冬のおくりもの

上のイラストのように、四季折々の季節のおくりものを楽しむことができる。

バリエーション2

●花の名前も覚えよう！

最近は、花の名前を知らない子が多い。これは、知っていてほしい、という名前は、リースの裏や名札などに書かせる。

38

方形シュートボール

DATE

利用可能な教科

体育

手軽さ

★★★☆☆

熱中度

★★★★★

繰り返し可能

★★★★★

学力定着度

★★★★★

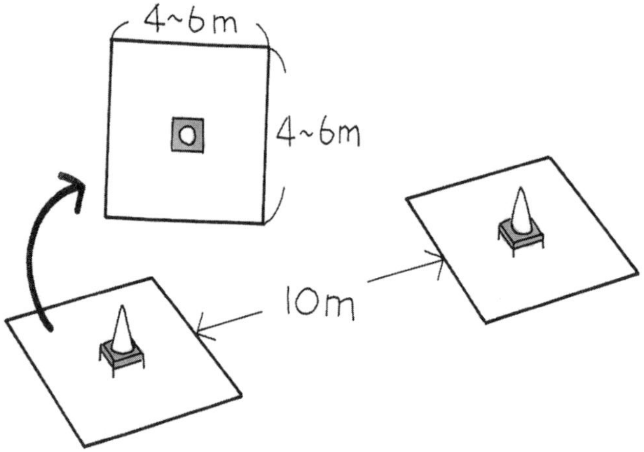

コンセプト

子どもたちは的に思い切りボールを当てるゲームが大すきである。チームで作戦を立てて攻めることもでき、ハンドボールやバスケットボールにつながる運動感覚をも身につく。

やり方

バスケットボール型ゲームである。上図のような場で行う。円形のシュートボールと違ってラインを引きやすい。

❶ 1チーム3人。時間は1回戦3分間。
❷ 相手チームの的にボールを当てたら1点
❸ シュートはラインの外側から、ライン内はできない。
❹ 守る側もラインの中に入れない。
❺ ボールを持って何歩でも走ってよい。
❻ 相手の身体や相手が持っているボールに触れてはいけない。
❼ シュートが決まったら、相手にボールを渡す。

ポイント

- 的はチームの数だけ用意する。
- ボールはドッジボール0号で、少し空気を抜いたものが扱いやすい。
- 6人で前半後半に分けるとよい。前半の時、後半の子は審判や点数係をやる。

ふり返りのコツ

チームで作戦を立てよう！

「パスをする。」「だまし作戦（フェイント）をする。」「裏パスをする。」など、次の作戦をたてよう。チームのよかったところも発表しよう。

＊参考文献　岡田和雄・平林宏美・藤井喜一著「絵で見るゲーム指導のポイント」あゆみ出版

バリエーション1

的を変える（ポートボール台はなくてもよい）

- ポートボール台にコーン・石油缶・ダンボールなどを置く。
- 的の数を増やす。

バリエーション2

みんなでルールをつくろう！

子どもたちの反省をもとに新しいルールをつくっていく。

- ボールを持っているのは５秒まで
- 歩けるのは５歩まで
- 全員シュートチャンスがあったら、ボーナス点

など。

39 ボールを持ってこおり鬼

DATE

利用可能な教科

体育

手軽さ

★★★★★

熱中度

★★★★★

繰り返し可能

★★★★★

学力定着度

★★★★☆

コンセプト

子どもたちが夢中になるこおり鬼。ボールを持ってこおり鬼をすると、周りを見ながら、ボールを持ってすばやく動く力がつく。

やり方

❶ 鬼も含めて全員がボールを1個ずつ持つ。
❷ 鬼を決める。一緒にやる人数の3割くらいの人数の鬼が適当。帽子の色を変えるなどして、区別できるようにする。
❸ 逃げてよい範囲を決める。外の場合は枠を書く。
❹ 捕まったら、その場から動けなくなる（凍ってしまう）。
❺ 味方は、動けなくなった仲間の手をタッチして助けることができる。
❻ 逃げる人が自分のボールを落としたら、凍らなければならない。

ポイント

- 鬼の数が少なくてもつまらなくなる。人数に合わせて、鬼の数を工夫しよう。
- 凍ったふりをしていたら、反則とする。
- 助けを求めるときは手を伸ばし、タッチをしてもらう。

ふり返りのコツ

●工夫したことは？

捕まえるために、または捕まらないように工夫したことは何かきいてみよう。

バリエーション1

●3色こおり鬼

普通のこおり鬼より、さらに視野を広めることになる。○は●を捕まえる。●は◎を捕まえる。◎は○を捕まえる。捕まったら、その場で動けない。同じチームの人に助けてもらうと、再び動けるようになる。

バリエーション2

●こおり方を変えてやってみよう！

■足を開いてこおり、仲間は足の下をくぐると助けられる。
■馬跳びで跳んでもらったら、助かる。
■捕まった人はその場で座って、助けを待つ。

40

段ボールでとびっこあそび

DATE

利用可能な教科

体育

手軽さ

★★★☆☆

熱中度

★★★★☆

繰り返し可能

★★★★☆

学力定着度

★★★★★

コンセプト

1、2年生の基本の運動に、走・跳の運動遊びがある。段ボールの箱をおくだけで、楽しく活動ができ、動きが全くちがってくる。子どもの力でも簡単に持ち運べる。

やり方

❶ 砂場に、いくつかの幅跳びコースをつくる。
❷ 同じ高さの段ボールを距離を違えて置き、自分の挑戦したい距離を選ぶ。
❸ 目標がクリアできたら、次に進む。

ポイント

- 段ボールがあるだけで、目標ができ、高く跳ぼうとする。なるべ片足踏みきり・両足着地で跳ばせると、空中姿勢も変わってくる。(上記イラスト参照)
- 失敗しそうになったら、踏んでもよい事を伝えておく。

ふり返りのコツ

● 気分は？

「大きく跳べたかな？」「気持ちよく跳べたかな？」ときく。低学年では、まず、この気持ちのよさを味わわせたい。

＊参考文献　久保健、山崎健、江島隆二編著　教育技術 MOOK「走・跳・投の遊び　陸上運動の指導と学習カード」小学館

バリエーション 1

● 段ボールの置き方を変えよう！

段ボールを２つ重ねたり、３つ重ねたりして高くしたり、横に並べて幅を広くしたりしてみる。

バリエーション 2

● 段ボールでかけっこ遊びをしよう！

ハードル走のコースに段ボールを置く。いろいろなコースで段ボール走をする。どのように段ボールを置くと走りやすいかを考えさせる。

41

はないちもんめ

DATE

利用可能な教科

音楽・体育

手軽さ

★★★★★

熱中度

★★★★★

繰り返し可能

★★★★★

学力定着度

★★★☆☆

コンセプト

わらべ歌遊び「はないちもんめ」は、掛け合いの言葉や、足を上げるところが面白く、子どもたちがすぐのってくる。仲間との一体感や触れ合いを楽しめる。

やり方

❶ 歌を完全に覚えさせる。
❷ ＡＢ２組に分かれて手をつなぐ。
❸ 代表同士でじゃんけんをして、勝ち負けを決める。
❹ 勝ったほうの組から「勝ってうれしいはないちもんめ」と、歌い始める。「そうだんしよう」「そうしよう」で、だれをもらうか決める。
❺ 名前を言われた子はじゃんけんをする。
❻勝った子の組に負けた子を入れる。
❼ 初めから続ける。
❽ 最後に人数の多い組が勝ち。

ポイント

だんだん興奮し、黙っていても足が上がるようになるので、次のような注意をしておく。
- みんなで歩調を合わせる。
- 足を上げたとき、人にあたらないようにする。
- となりの人と手をはなさない。

A：勝ってうれしいはないちもんめ
（前に進む。「め」、で足を上げる。以下同様。
前に進んで歌の切れめで足をあげる。）
B：負けてくやしいはないちもんめ
A：となりのおばさん　ちょっときておくれ
B：おにがいるからいかれない
A：おかまかぶってちょっときておくれ
B：お釜底抜けいかれない
A：おふとんかぶってちょっときておくれ
B：おふとんびりびりいかれない
A：あのこがほしい
B：あのこじゃわからん
A：この子がほしい
B：このこじゃわからん
A：相談しよう
B：そうしよう
A：○○ちゃんがほしい
B：○○ちゃんがほしい
じゃんけんぽん
（指名された２人がじゃんけんをする）

地方によって歌詞はずいぶん違うので、それぞれの歌詞で歌えばよい。

ふり返りのコツ

楽しかったことは？

「楽しかったことは?」ときいてみよう。「自分がほしいと言われてうれしかった。」「みんなで大きな声を出して対決したのが楽しかった。」など、子どもの言葉で言わせよう。

＊参考文献　谷本富美子編著「わらべうた遊び」日東書院

バリエーション１

くじ引きや引き合いで決めよう！

ほしい子を決めるとき、くじ引きで決める。わりばしくじを用意しておくと便利である。

また、引き合いで決めることもできる。ほしいといわれた子は、じゃんけんでなく、手を引き合って力比べで決める。

バリエーション２

少人数でやろう！

グループに分かれて、少人数でやる。少人数でやると、誰もいなくなった組が負けになる。

42

これ、誰の物？

DATE

利用可能な教科

国語

手軽さ

★★★☆☆

熱中度

★★★★★

繰り返し可能

★★★★☆

学力定着度

★★★★★

（答え：「ズッコケ３人組」のハチベエのぼうし）

コンセプト

絵本の中に出てくる絵を使ってあそんじゃおう。「これは、誰の物かな？」で子どもたちは熱中！

やり方

❶絵本の読み聞かせをする。この本であそぶことを予告し、読んでくるように促す。

❷厚紙に登場人物に当てはまる物（服・持ち物・道具など）の絵を描く。または絵本をコピーし、その部分を切り抜いて厚紙に貼る。10種類以上用意しておく。

❸「これ、誰の物クイズ」をする。厚紙に描いた絵を提示し、「これ、誰の物？」ときく。本は見ないで持ち主を当てたら正解。正解者が出ない場合は、教師が本で示す。

ポイント

● できれば同じ本を多数準備し、一定期間教室に常備したい。公共図書館と連携を取ると、ある程度の量はそろう。

● 絵の代わりに実物を提示すると、さらに盛りあがる。

これ、誰の物？
日本一
桃太郎の旗だ！

ふり返りのコツ

●本で楽しもう！

「面白かったかな？」ときく。「国語の授業」というより、「本であそぶ」感覚で楽しみたい。

バリエーション1

●演出の工夫

何の変哲もなく、「『これ、誰の物？』というクイズをします」と始めるのもよいが、登場人物の１人になりきって、「これが落ちていました。誰の物か教えてね。」などと演出の工夫をすると、子どもたちはよりのってくる。

バリエーション2

●読書へのアニマシオン

「これ、誰の物？」は、読書へのアニマシオンの一つの方法である。『読書へのアニマシオン 75の作戦』（M．M．サルト著　柏書房）には、さまざまな方法（作戦という）が紹介されている。

43 漢字のたし算

DATE

利用可能な教科
国語

手軽さ
★★★★☆

熱中度
★★★★☆

繰り返し可能
★★★★☆

学力定着度
★★★★★

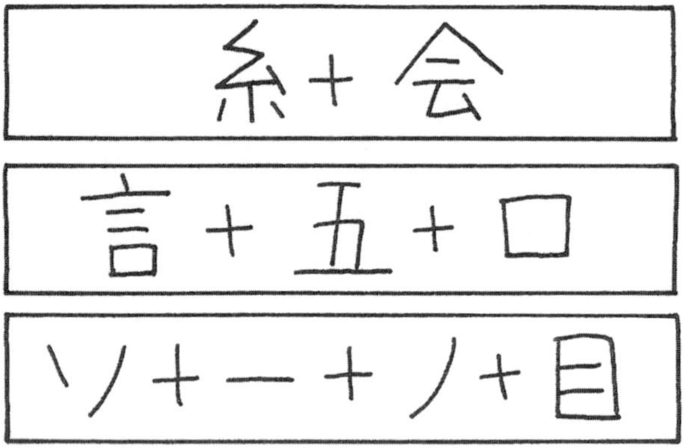

コンセプト

2年生になると、どっと漢字が増える。イメージで覚えている子は、なかなか正しい字が書けない。漢字の構成を考えながら、楽しく復習させたい。

やり方

❶ 漢字ドリルや教科書を使って、今まで学習した漢字の中から、たし算になりそうなものを1人1個選ばせる。
❷ 画用紙を1/2に細長くきったものを使う。表に問題、裏に答えを書く。(上図)
❸ グループごとに前に出て、問題を出す。
「糸たす会は何でしょう？」
❹ 聞いている子は、わかったらノートに答えを書く。
❺ グループ全員が出題し終わったら、答えを見せる。あっていた子は丸をつけ、違っていた子は正しい答えを書く。

ポイント

- 糸＋会＝など、漢字やカタカナとして読めるものに限定する。
- 記号になってしまうものは除く。
- 「なるべく友達と同じにならないように」と話しておき、問題がかぶらないようにするとよい。

糸《いと》＋会《かい》は
何でしょう？
言う＋五《こ》＋口《くち》は
何でしょう？
ソ《そ》＋一《いち》＋ノ《の》＋目《め》は
何でしょう？
糸＋会
言＋五＋口
ソ＋一＋ノ＋目

ふり返りのコツ

●面白かった問題は？

「面白かった問題は？」と、きいてみよう。横の式に表すので、上と下に分けたたし算の問題はけっこうむずかしくて面白い。

バリエーション1

●グループでやろう！

用紙を小さくして、グループごとに同じように問題を出していく。

1人が何問も問題を出させる。

バリエーション2

●覚えにくい字でやってみよう！

子どもが覚えにくい字、まちがえやすい字だけをピックアップする。へんやつくりも入れてよいことにし、漢字たし算を考えさせる。仕組みを考えるので、覚えにくい字も覚えることができる。

首＋しんにょう＝道

44 生き物クイズをつくろう

DATE

利用可能な教科	国語・生活科
手軽さ	★★★☆☆
熱中度	★★★★☆
繰り返し可能	★★★★☆
学力定着度	★★★★★

ここに写真（絵）のコピーを貼る 1.オオカマキリ 2.トノサマバッタ 3.オオカマバッタ	**ヒント** するどいかまがあります。 **こたえ** オオカマキリ **せつめい** するどいかまでほかのむしをつかまえてたべます。

コンセプト

教科書の説明文を学習した後で、その発展クイズをつくろう。子どもたちは進んで調べてくる。写真の一部を拡大するのがコツ。

やり方

❶ 教科書の学習（例　光村１年「だれだかわかるかな（昆虫）」の後に、「いろいろ調べて、クイズをしよう」と呼びかける。
❷ 家や図書室で生き物の図鑑を調べ、出題する物を決める。
❸ 図鑑の生き物の写真（絵）の一部分（顔・足など）を拡大コピーする。Ｂ４画用紙を半分に折り、左側に貼らせる。（上図）
❹ 写真（絵）の下に３択の問題を書かせる。
❺ 右側に、ヒントと答えと説明を書かせる。
❻ ４～５人のグループごとにクイズ大会をする。出題する時は、紙を半分に折らせる。
❼ グループごとに自分たちで代表を選び、全体の前で出題する。

ポイント

● 拡大した写真の部分がヒントになるようにさせる。

ふり返りのコツ

● 問題づくりを楽しもう!

「クイズづくりのどこが面白かったかな？」ときく。自分で調べたことを問題にする楽しさを味わわせたい。

バリエーション1

● 朝のスピーチで

グループごとにクイズを出題し合うのではなく、スピーチの一環として毎日数人ずつ行う方法もある。答え、説明を言った後に、質問を受けるようにすれば、出題者と聞き手のやりとりができ、盛りあがる。

バリエーション2

● クイズ図鑑をつくろう!

せっかくつくったクイズを1回で終わりにしてしまうのはもったいない。画用紙を綴じて図鑑にしてみよう。袋とじにすれば、問題のページをめくると答えが出るようにつくれるのでおすすめ。

45

私の宝物

DATE

利用可能な教科

国語・生活科

手軽さ

★★★★★

熱中度

★★★★☆

繰り返し可能

★★★★☆

学力定着度

★★★★☆

私の宝物は、
このキーホルダーです。
なぜかというと、…

コンセプト

みんなが大切にしている「宝物」それを紹介し合おう。いろんなエピソードが聞かれるよ。

やり方

❶ 自分の「宝物」を持ってくる。
❷ スピーチ原稿を書く。「私の宝物は、○○です。なぜかというと、□□だからです（2文以上）」という形式にそろえる。
❸ 4～5人のグループごとに発表会をする。
❹ グループごとに自分たちで代表を選び、全体の前で発表する。

ポイント

- 「宝物」は「物」に限定する。「家族」などは対象外とする。保護者と何を持っていくか、その理由について相談させる。大きかったり貴重だったりして持ってこられない場合は、写真でもよいことにする。
- スピーチ原稿は、何度も読み返す。覚えられればGood！
- グループごとに発表し合うのではなく、スピーチの一環として毎日数人ずつ行う方法もある。

私の宝物は、
ネコのミーです。
なぜかというと、
とっても
かわいいからです。
かわいいなー
ネコ
かって
いるんだ…

ふり返りのコツ

● **きく態度も大切に…**

質問タイムを設けよう。質問をすることで発表の内容をふくらませることができる。

バリエーション1

● **「私の宝物」クイズをしよう！**

宝物の説明をする時に、クイズを入れてみよう。「なぜ、これが宝物なのでしょうか。①誕生日に遊園地で買ってもらったから②誕生日にプレゼントでもらったから③誕生日に拾ったから」聞く方も集中して聞ける。

バリエーション2

● **「私の得意技」を紹介しよう！**

「宝物」の次は、「得意技」の紹介も面白い。「なわとび」「一輪車」「けんだま」などの技術系から、「だじゃれ」「クイズ」「読書」「マンガ」などの文化系まで幅広くできる。朝のスピーチにもOK！

46

私は誰でしょう？

DATE

利用可能な教科

生活科

手軽さ

★★★☆☆

熱中度

★★★★★

繰り返し可能

★★★★☆

学力定着度

★★★☆☆

コンセプト

小さい頃の写真を持ってきて、見せてもらおう。今と似てるかな？　誰だかわかるかな？

やり方

❶ 小さい頃の思い出の写真を持ってきてもらい、預かっておく。

❷「この写真の子は誰でしょうか？」と教師がクイズを出す。すぐに正解がでない場合は、ヒントを出す。「今はとってもなわとびが得意です。」「今はとても健康で欠席0です。」

❸ 正解は、本人に言ってもらう。

ポイント

- 保護者に協力を呼びかける。写真の裏に名前を書いてもらうのを忘れずに。
- 貴重な写真なので、大切に扱う。掲示する場合は、特に注意する。
- 写真を実物投影機とプロジェクターで拡大して見せると、よりわかりやすい。
- 連続して全員分を行うと集中しないので、何回かに分ける。

この写真の子は誰でしょう？今はとってもなわとびが得意です。
この写真は…
元気そうだね。
わー ぼくだ……

ふり返りのコツ

●正解したポイントは？

「どうしてわかったかな？」ときく。面影がある場合、ヒントでわかる場合がある。友達への関心をみていく。

バリエーション1

●思い出の品物

写真でなく、思い出の品物も意外ととってある。「この積み木は誰が使っていたのでしょうか？」「この靴下をはいていたのは誰でしょうか？」などというクイズも面白い。

バリエーション2

●文集づくり

思い出の写真にそのころのエピソードを短く添えた文集をつくろう。保護者にインタビューをして、「このころの私は、○○だったそうです。」という形式にする。印刷機も「写真モード」にすれば、写真入りの文集ができる。

47

ミニトマトでピザパーティー

DATE

利用可能な教科

生活科

手軽さ

★★★☆☆

熱中度

★★★★★

繰り返し可能

★★★☆☆

学力定着度

★★★☆☆

コンセプト

生活科で育てたミニトマト。少ししか収穫がなくても大丈夫。ぎょうざの皮をピザの生地代わりにしてミニトマトピザをつくろう。おいしくて、トマトがきらいな子も食べてしまう。

やり方

❶ ミニトマトを半分に切る。ウィンナーは、1/4に切る。
❷ 餃子の皮にケチャップをぬる。はじまでは、ぬらない。
❸ その上にミニトマトと、ウィンナーと、ピザ用チーズをのせる。
❹ ホットプレートにのせて焼く。(160度。3分くらい)
❺ ふちがプチッとふくれて、焼き色がつくまで焼く。

ポイント

- ホットプレートがいくつ使えるかがポイント。
- 餃子の皮だから、おなかがいっぱいにならずに、給食もちゃんと食べられる。
- ウィンナーのほかに、コーン、ツナなどをのせても…。

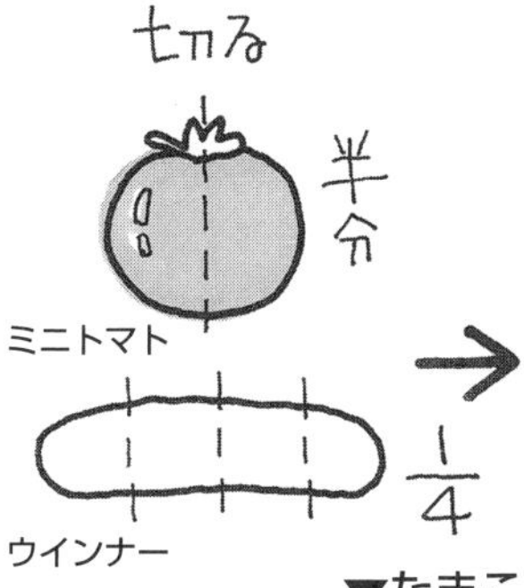

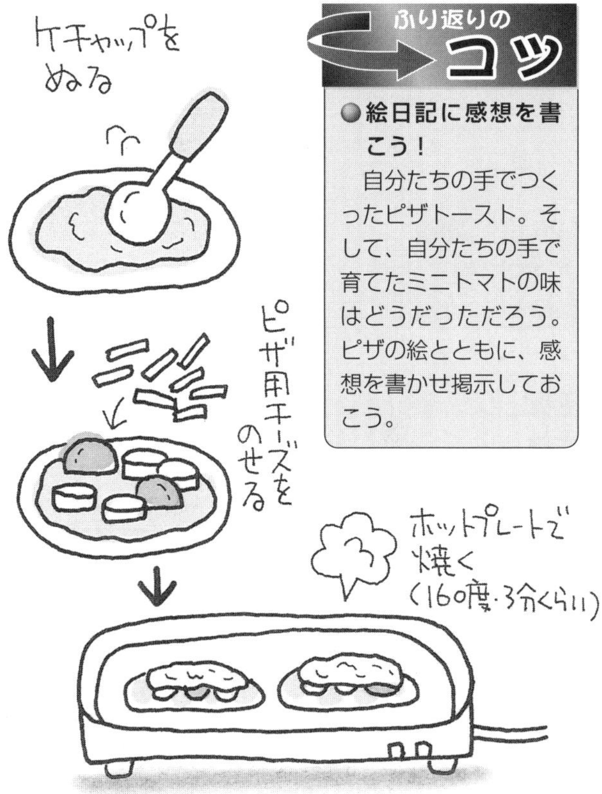

▼たまこ

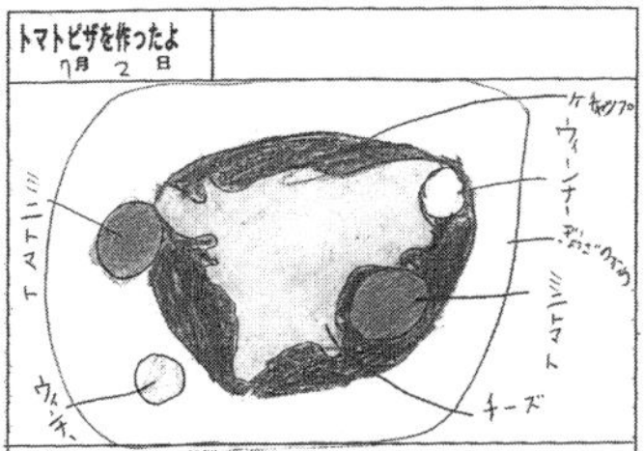

ぎょうざのかわで作るピザをはじめてたべた。すごくおいしかったから、またお家でも作りたいな。
チーズがトロトロしてるし、かわはパリッとしててはじめてたべたあじでした。やく時、チーズがだんだんとろけてきておもしろかった。ペアにあげる時、おいしいかなと思った。自分のぶんもたべたらおいしかった。かんたんに作れるし家でもいつでもつくれると思うからまた作って兄ちゃんたちにも食べさせたいです。

ふり返りのコツ

●絵日記に感想を書こう！

自分たちの手でつくったピザトースト。そして、自分たちの手で育てたミニトマトの味はどうだっただろう。ピザの絵とともに、感想を書かせ掲示しておこう。

バリエーション1

●ピザの宅配

1年生や、お世話になった上級生に、ピザの宅配はいかが？授業参観でつくれば、おうちの人にも喜ばれる。

バリエーション2

●ピザトーストに

お昼代わりにするならば、パンを使って、ピザトーストにする。

48

咲かせてみようフシギ花

DATE

利用可能な教科

図工

手軽さ

★★★★☆

熱中度

★★★★★

繰り返し可能

★★★☆☆

学力定着度

★★★☆☆

コンセプト

新聞紙を切り抜いた花びら。水に浮かべると花びらがゆっくりゆっくり開いていく。幻想的な美しさに歓声がおこる。

やり方

❶ 4、5人のグループごとに、新聞紙を1、2枚、洗面器のような水を入れるもの、ごみを入れるビニール袋を用意する。

❷ 教師が下記つくり方を示しながら説明する。(右ページ参照)

1 新聞紙から10 cmくらいの正方形を切り取る。

2 それを三角に、半分、半分、半分と3回たたむ。

3 花びらの形を描き、はさみで切り取る。

4 紙を開くと、8枚の花びらができている。

5 花びらを1枚ずつたたんでいく。

6 水を入れた入れ物にそれを浮かべる。

ポイント

- 花びらは4枚でも6枚でもできるが、8枚が最も美しい。
- 花びらの切り込みは深くする。
- 花びらのたたみ方はどのような順番でもOK。開き方の違いも楽しもう。

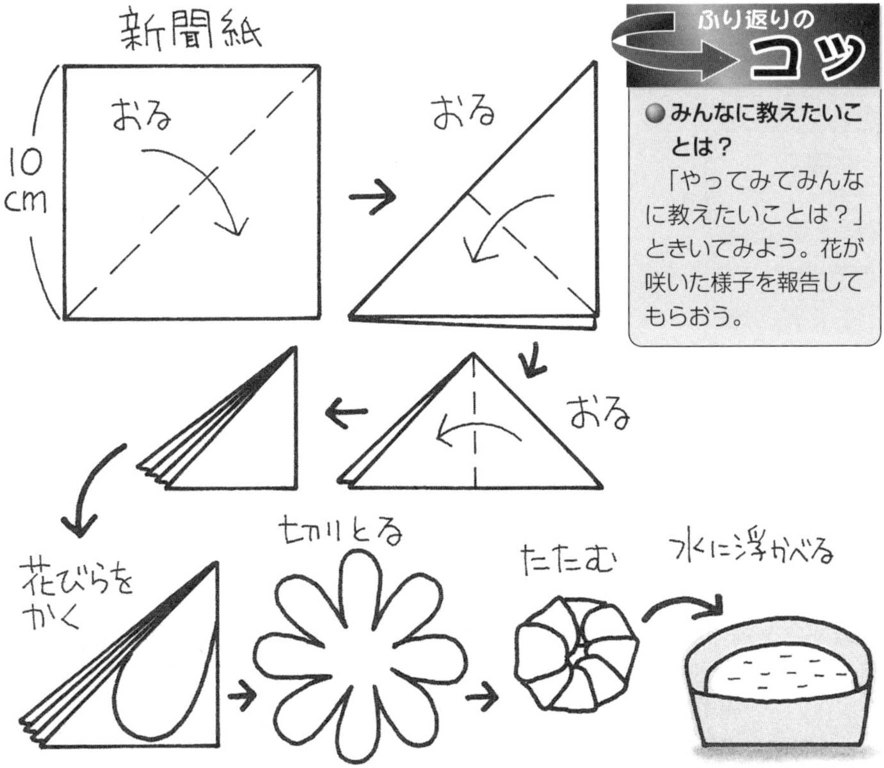
新聞紙
10cm
おる
おる
おる
花びらをかく
切りとる
たたむ
水に浮かべる

ふり返りのコツ

みんなに教えたいことは？

「やってみてみんなに教えたいことは？」ときいてみよう。花が咲いた様子を報告してもらおう。

＊参考文献　授業作りネットワーク　NO.136　'98．1　あすの授業　関　奈巳氏論文「咲かせてみよう　フシギ花」

バリエーション1

カラー写真を使って見よう！

色のついた方を内側にしてたたむと、開いたときに色が出て、とても美しい。あらかじめ、子どもたちにカラー写真の新聞を集めておいてもらうのも手である。

バリエーション2

反古紙や画用紙でもやってみよう。

わら半紙や画用紙でもできる。開き方のスピードが違う。画用紙は、のんびりのんびり開いていく。紙質による開き方のちがいを比べてみるのも楽しい。

49 タンポであそぼう

DATE

利用可能な教科

図工

手軽さ

★★★☆☆

熱中度

★★★★☆

繰り返し可能

★★★★☆

学力定着度

★★★★☆

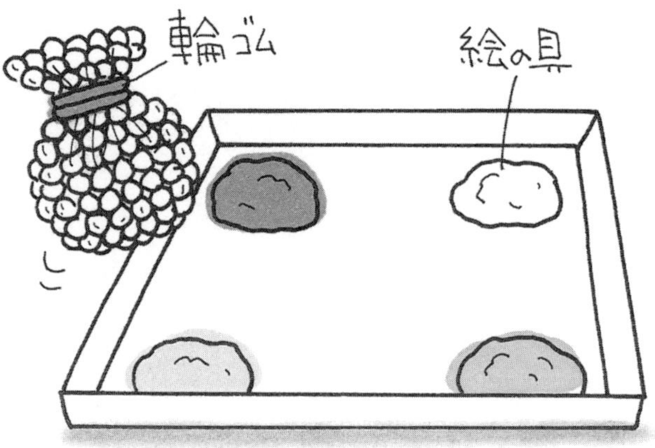

コンセプト

荷物を包んであったプチプチのエアーキャップ。ごみにしないでタンポにしよう。絵の具をつけて楽しくあそぼう。

やり方

❶ エアーキャップを適当な大きさに切り、上図のように輪ゴムで留めて持ちやすくする。

❷ 絵の具を皿に出す。水を入れずに使う。

❸ タンポに絵の具をつけ、試し紙に押してみる。余分な絵の具がとれ、タンポのもようがくっきりうつるようになったら、自分の画用紙に押す。

❹ タンポのもようを生かし、絵を描く。

ポイント

- タンポは色によって使い分けた方がよいので、グループで共同で使う。絵の具も共同でよい。
- 色を混ぜるときは、皿の上で混ぜる。

◀りな

ふり返りのコツ

●工夫したことや気に入っているところは?

「どんな工夫をしたのかな?」「気に入っているところはどこ?」ときこう。本人だけのこだわりがきっとあるはずだ。

▼みらん

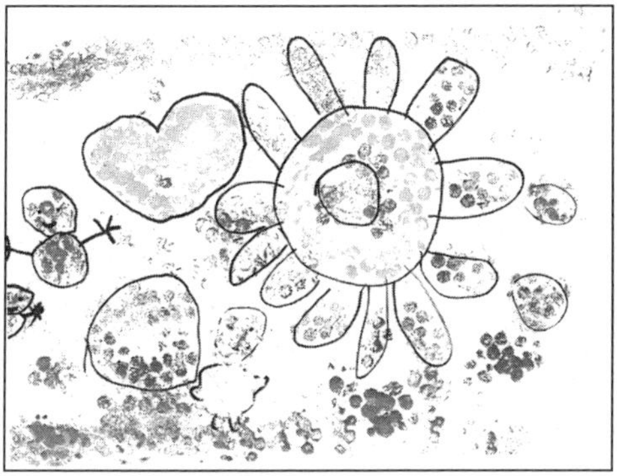

▼ありさ

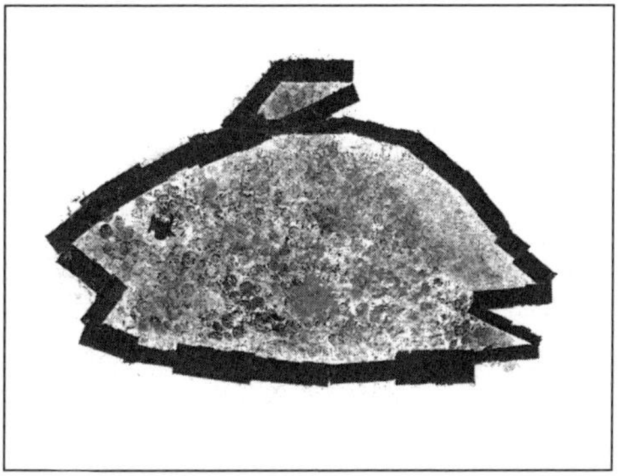

＊オリジナル実践は八王子市立みなみ野小学校の河合香子氏による。

バリエーション1

●やり方を工夫しよう!

- 色画用紙にたくさん押し、あとで、その上に絵を描いたり、切り貼りをしたりする。
- ステンシルのように、切り抜いた形の中に押す。
- セロハンテープの線で絵を描いたあとタンポを押し、あとでセロハンテープをはがす。

バリエーション2

●材料を変えてみよう!

荷物の間に入っている蚕のまゆのような形の発泡スチロールも利用できる。持ちやすいので、そのまま使用できる。ただし、このタンポは使い捨てになる。

50

捨てる容器でプラバンづくり

DATE

利用可能な教科

図工・生活科

手軽さ

★★★☆☆

熱中度

★★★★★

繰り返し可能

★★★★☆

学力定着度

★★★☆☆

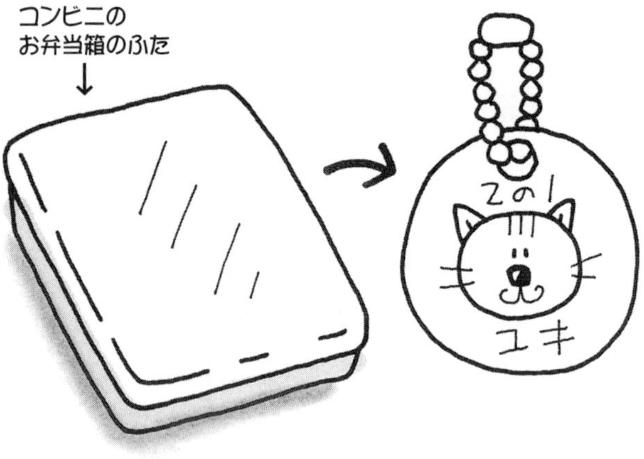

コンセプト

コンビニのお弁当箱のふた、ミニトマトの容器、しその容器、プラスチックのコップなど、かさばるごみでプラバンアクセサリーをつくろう。容器に絵を描いてあたためると、小さなアクセサリーに変身！

やり方

❶ なるべく平らなプラスチックの容器を用意する。
❷ できあがりは1/4くらいになるが、大きすぎる場合は適当な大きさに切る。大きめのあなをあける。
❸ 油性ペンで絵を描く。下に絵を置いて、うつしてもよい。
❹ アルミホイルをしいて、その上に描いたものをのせ、トースターで2分くらいあたためる。
❺ 熱いので、箸などで取り出し、すぐ雑誌にはさみ、平らにする。
❻ あなに、ひもや、くさりを通して、できあがり。

ポイント

- トースターの温度やプラバンの大きさによって温める時間が違うので、ためしの実験をしておこう。
- 途中でくねくねになるが、あせってとらずに、平らに縮まるのを待とう。ただし、やりすぎると、とけてしまう。
- 一度にたくさんあたためるときは同じ大きさにするとよい。

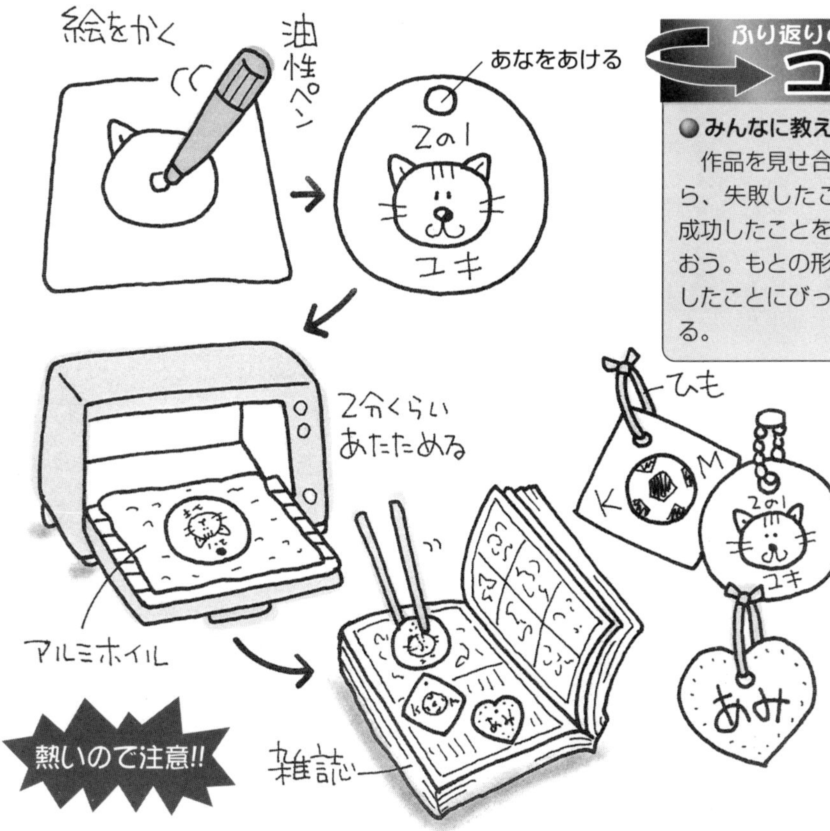
絵をかく
油性ペン
あなをあける
2の1
ユキ
2分くらい
あたためる
アルミホイル
ひも
雑誌
あみ
熱いので注意!!

ふり返りのコツ

● みんなに教えよう！

作品を見せ合いながら、失敗したことや、成功したことを話し合おう。もとの形が変形したことにびっくりする。

＊参考文献　上條晴夫編著「学級担任のレパートリー定番資料 12 か月」民衆社

バリエーション1

● ギザギザや２枚重ねで

プラバンを２枚重ねると、厚みのあるものができる。また、ぎざぎざに切れるはさみで、周りを切るときれいに仕上がる。

バリエーション2

● コースターをつくろう！

透明プラスチックの使い捨てコップでやってみる。コップの底やまわりに色を塗る。

トースターに入れると、コースターに変身！

Part Ⅲ

授業＆教室を楽しくする小ネタ・グッズ

ヒットあそび・モノづくり

くり返し学習のコツ

宿題の方法

1 大切に取っておこう初めての字

コンセプト

1年生の最初は何をするにも、「初めての」が頭につく。記録として取っておけるものは、なるべくなら取っておきたいもの。写真・手形・初めて書いた自分の名前などを保管しておき、6年生の卒業時に返却する。もらった子どもたちは、恥ずかしさとなつかしさで思わずにっこり。

準備するもの

画用紙（八つ切り）　絵の具　バット

やり方

❶八つ切り画用紙を縦半分に折ったものを配布し、名前を書き、手形を押すことを説明する。
❷右側に自分の名前を書かせる。
❸バットに絵の具を溶いたものを教師が用意し、子どもの片手につけさせる。画用紙の左半分に手形を押させ、手を拭かせる。画用紙は回収し、乾燥棚などに置く。
❹教室に掲示する。
❺しばらく掲示した後で、封筒に入れ、指導要録といっしょに保管する。「6年の卒業時に返却」と注意書きをする。6年生の卒業時に返却する。
★あいているスペースに、子どもの写真を貼ったり絵を描かせるのもよい。

2 キャラクター「○○」に教えてあげよう

コンセプト

子どもたちに人気のキャラクターのぬいぐるみを使ってみよう。いろいろな時に活躍してくれる。授業中の発言も増えることうけあい！

準備するもの

子どもたちに人気のキャラクターのぬいぐるみ

やり方

❶ 人気のキャラクター「○○」のぬいぐるみ・指人形などを用意する。
❷「今日から、1年1組に転入した○○です。みんなといっしょに勉強します、よろしくね。」などとあいさつをする。
❸ 発言を促したい時にキャラクターのぬいぐるみを出し、「○○わからないよ、こまったなあ。」とキャラクターになって言う。
❹「○○がわからなくて困ってるよ。みんなで○○に教えてあげよう！」と声をかける。
❺「○○わかったよ！」などと、キャラクターになって答える。
★意見が出なくなった時、わかりやすい説明が必要な時など、使うタイミングを考えて行うことが大切。
★キャラクターが、わざとまちがった答えを言い、子どもたちに考えさせる方法もある。

3 ミニ先生

コンセプト

1年生に作業をさせると個人差が非常に大きい。早く作業が終わった子どもたちには、他の子へのアドバイスを頼もう。「君はミニ先生だ！」の一言で、やる気が倍増！

準備するもの

なし

やり方

❶ 作業が早く終わった子に対し、「君は、ミニ先生だ、○○君にアドバイスをしてあげてね。」と言う。
❷ ミニ先生の名札を用意したり、黒板に「ミニ先生　○○先生」と書いたりすると、さらに意欲が出てくる。
★作業の内容によって、早く終わった子にミニ先生をやってもらうか、別の作業をさせるかを判断する。

4 名人をめざそう

コンセプト

授業以外でもいろいろなことに活躍している子がいる。そういう子どもたちにも光を当ててみよう。「あいさつをよくしていてえらいね。」と言うより、「君はあいさつ名人だね。」と言うだけで、意欲が倍増！

準備するもの

なし

やり方

❶ 元気にあいさつをするなど、子どもたちのちょっとした行動で、「これはいいな」と思うことに対し、注意深くみていく。
❷ その行動が何回か続いたことを確認し、全員の前で「○○さんは、あいさつがとてもよくできているので、あいさつ名人にします。みんなもいろいろな名人をめざしてみましょう。」と紹介する。
❸ さまざまな機会を捉えて、名人を任命する。
★子どもたちからの情報を元にしても良いが、教師がその様子を確認する。
★同じ名人が複数いてもよい。
★「名人」だけでなく、「達人」「鬼」「先生」「プロ」など、さまざまな名称を使う方法もある。
★子どもに「○○名人をめざす」と宣言させ、努力の様子をみる方法でもできる。
例　コマ回し名人、一輪車名人、トイレ流し名人、あいさつ名人、ほうき名人、けんだま名人、カルタ名人、お手伝い名人

5 にせものゲストティーチャー

コンセプト

ここ一番、専門家の話が聞きたいけれど、ゲストティーチャーは呼べない時、同じパターンの授業でどうも集中しない時、そんなとき、自分がゲストティーチャーになっちゃおう。廊下に出たとたんメガネなどで変装して教室に戻ると大爆笑！

準備するもの

めがね・ひげ・白衣・名札などの変装用具

やり方

❶「今日は、このことにくわしい、○○博士を特別にご招待してきました。今、呼んできますから、静かに待っていてください。」と話し、廊下に出る。

❷廊下で変装する。

❸教室に入り、「みなさんこんにちは、私は、先生に言われて今日特別に来た○○です、よろしくお願いします。」と言って、大切なポイントについて授業を進める。

★教室を去るときに廊下まで出てくる子がいるが、「教室で先生を待とうね。」と言って教室に入らせ、すぐに変装を解く。教室に入り、「あれ、○○博士は？　もう帰っちゃったの？　ああ、残念、お会いしたかったのに…」などと話すと面白い。

6 音符をぬりつぶそう

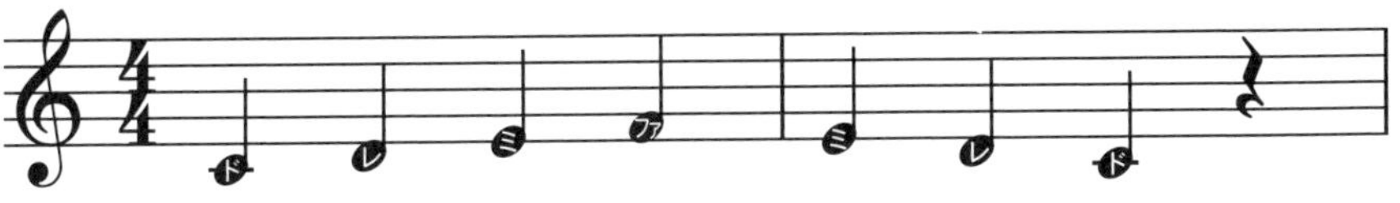

ぬりつぶしたあと↓

コンセプト

低学年の音楽の教科書や鍵盤ハーモニカのテキストには、ほとんど音符の中にドレミが書いてある。

低学年のうちから、ド、レ、ミ…とふりがなをふらなくても、楽譜が読めるようにしたい。この方法なら、能力に応じてできる！

準備するもの

楽譜　鉛筆

やり方

❶ドレミを読みながら、歌わせる。

❷音符をえんぴつでぬりつぶさせる。自信のある子はしっかりと濃くぬらせる。自信のない子はうすくぬらせる。

❸音符を読みながら歌わせる。

★五線の中に音符を書いていくように、音符の位置を確認しながら、ていねいに丸く塗らせることがポイント。この作業を意識的にすることにより、音符の位置を覚えていく。

7 文字であそぼう

児童作品

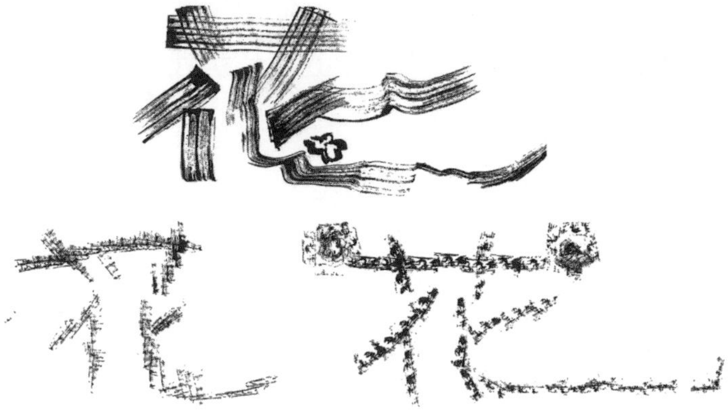

コンセプト

子どもなのに、こんな文字が！いや、子どもだからこそこんなすてきな文字が書ける。

準備するもの

段ボール　墨汁　おわん型入れ物　わら半紙等

参考文献「岡本公平の文字を楽しむ書（趣味悠々）」日本放送出版協会

やり方

❶ 段ボールを細かく切る。（1 cm×7 cm、2 cm×8 cm など、いろいろな大きさに）

❷ おわん型の入れ物に墨汁を少し入れる。

❸ 試し書きできる紙を用意する。
段ボールの先を墨汁につけ、試し紙で吸い取らせた後、わら半紙などの紙に書く。

★段ボールの厚さや、種類により違った味が出る。書くときの強さ、速さ、角度によっても微妙な変化が出る。

★あらかじめ、いくつかの見本をつくっておくと子どものイメージが広がりやすい。

8 親子の会話をうながす連絡帳シール

やったー、
星座のシール、
全部集めたよ。
れんらくちょう

コンセプト

「これ、何のシール？」「今日国語で発表できたの。」「今日給食全部食べられたの。」「お話を聞く姿勢がいいってほめられたの。」……

子どもの良いところを連絡したくても、いちいち連絡帳に書いている時間はない。そんな時、シールをポンと貼ってあげて、「おうちの人にお話してね。」と言っておく。

準備するもの

シール

やり方

❶ かわいいシールをたくさん用意しておく。
❷ たとえば、給食で子どもたちの苦手なメニューが出たら、「○○を残さなかった人には、シールをあげます。」と言っておく。
❸ 給食が終わったあとで、「がんばったね。シールをもらえる人、取りに来てください。」と言って、自分で取りに来させる。
❹ 連絡帳の最後のページをシール帳にする。必ずそこに貼らせる。
★苦手なことに挑戦させるのに、効果的。しかしあまり頻繁に使わないほうがよい。（何でもシール目的にならないように）
★同じ種類のシートをたくさん用意しておき、広い机の上に広げられるようにしておくと順番待ちの列ができない。

9 なかよしドッジボール

コンセプト

真ん中に１本線を引くだけの簡単ドッジボール。当てられても、外野に出る必要はない。相手チームの一員になって、また戦う。こんな単純なゲームだけど、子どもたちは大すき。

準備するもの

ドッジボール

やり方

❶ ハーフライン１本だけを引く。ＡＢ２つのチームに分かれる。
❷ じゃんけんで勝った方からボールを投げる。
❸ 当てられたら、相手のチームの一員になる。
❹ 強いチームはどんどん人数が増え、弱いチームは人数が減っていく。

★当てられても相手のチームに行くだけなので、ボールを取る練習にもなる。
★エンドラインもないので、逃げる範囲は自分の能力に合わせて決められる。

10 変形いす取りゲーム

コンセプト

ふつうのいす取りゲームは、最初に負けるとずっと円の外で見ていなければならない。でもこれなら大丈夫。負けても座って、仲間に入っていられるのだ。

準備するもの

いす　音楽

や り 方

❶ 人数より１つ少ないいすを用意する。いすは外向きにし、円く並べる。
❷ 音楽に合わせていすの周りを歩く。
❸ リーダーが音楽を止めたら、一斉にいすに座る。
❹ 座れなかった子はアウトだが、いすは減らさない。アウトになった子は次回からはどこかのいすに座ったまま動かない。
❺ こうして最後までアウトにならず、ゲームに参加できた人が勝ち。
わざわざいすを減らさなくても、アウトになった子がどんどん座っていくので、座れるいすの数は減っていく。

★音楽が用意できないときは、みんなで歌を歌い、リーダーが笛を吹いたら、一斉に座る。

11 へびジャンケン

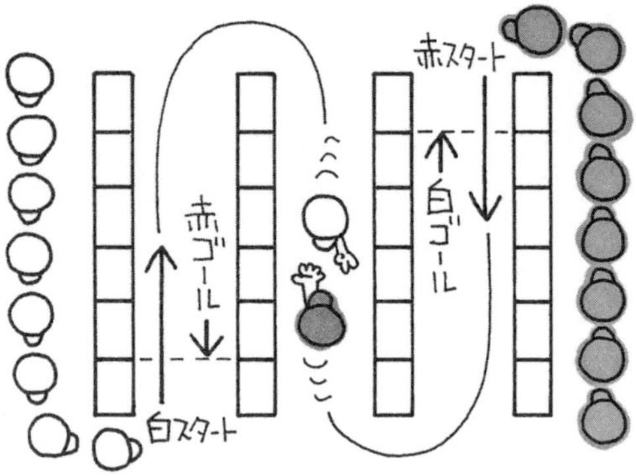

コンセプト

雨の日に、体を動かしたいけれど体育館は使えない、エネルギーが余ってる、そんなときにばっちり。机を並べてその間を通ってドンジャンケンポン。単純だけど、面白い！

準備するもの

なし

やり方

❶ 机を上図のようにくっつけてくねくねとくねる道のようにする。
❷ 両はじからスタートして、相手と出会ったときにジャンケンをする。勝ったらそのまま進み、負けたら、自分のチームの列の最後尾につく。
❸ 負けたチームは、次の子がスタートして、また相手と出会ったらジャンケンをする。
❹ ゴール地点まで行った方の勝ち。
★負けて自分のチームの列に戻る子がぶつからないように、くねくね道の幅は広くする。
★図のようにスタート地点とゴール地点をずらすと、勝敗がはっきり決まる。

12 アサガオの花の汁で折り染め

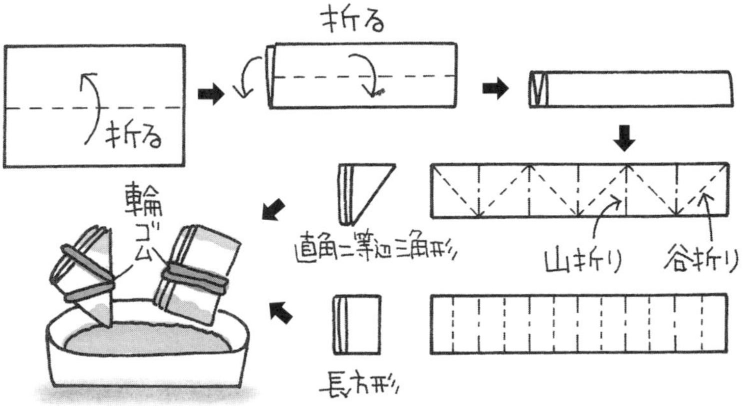

コンセプト

しぼんだアサガオの花びら。そのままにしておかずに、拾って集めて色水をつくろう。

準備するもの

しぼんだアサガオの花　ビニール袋　容器　障子紙

参考　http://plaza.rakuten.co.jp/carasawadou/　折り染めワークショップ・唐澤堂

やり方

❶ ビニール袋に同じ色のしぼんだ花をたくさん入れ、ほんの少し水を加え、よく揉んでつぶす。
❷ ビニール袋の角を少し切り、容器に移す。
❸ 障子紙を折る。(上図)
❹ 角を色水につける。
★折ったあと、輪ゴムでしっかりしばるとよい。
★アサガオだけだと薄いので、他の花を混ぜでもよい。
★しっかり染めたい場合は絵の具や染料を使う。

13 ひんやりシャーベット

コンセプト

暑い夏にぴったりのモノづくり。砕いたドライアイスをジュースに入れるだけでひんやりシャーベットのできあがり。

準備するもの

ジュース　コップ　スプーン　ドライアイス　布　かなづち　かき氷器

やり方

❶ ジュースをコップ半分くらい入れる。
❷ 細かく砕いたドライアイスを、スプーンでコップの中に入れる。
❸ スプーンでかき混ぜる。
❹ 少しずつ固まってくる。固まらないときは、少しずつドライアイスを入れる。（入れすぎに注意）
❺ 白い煙が出ないようになるとドライアイスの粒がなくなり、シャーベットができあがる。
★ドライアイスは、布で包んでかなづちでたたくか、かき氷器で細かくしておく。
★ドライアイスをずっと握っておくと、低温やけどをするので取り扱いには十分注意する。

14 種のバッジ

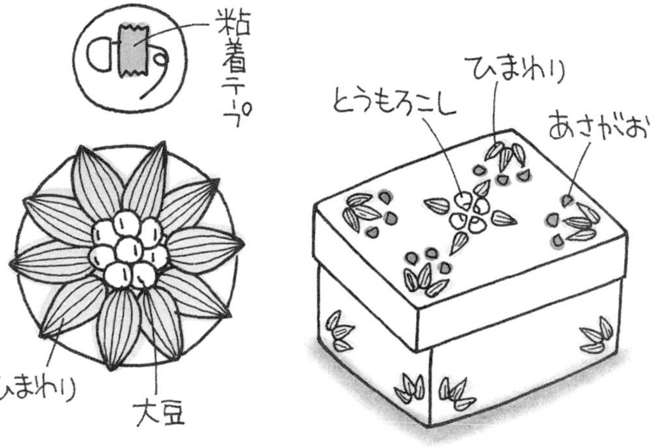

コンセプト

種がたくさん取れたとき、または、種をまいたけど余ってしまったとき、バッジをつくればバッチリ有効利用。

準備するもの

種　牛乳の紙キャップ（段ボール）　安全ピン　粘着テープ　木工用接着剤

やり方

❶ 牛乳の紙キャップか段ボールを円く切ったものを用意する。
❷ うらに安全ピンを粘着テープでとめる。
❸ 紙に木工用接着剤をたっぷりと塗り、ヒマワリの種を上図のように並べていく。
★種は、ヒマワリ、アサガオ、アズキ、トウモロコシ、ミカンなど、いろいろなものが使える。
★空き箱のふたにはってもすてきだ。

15 紙トンボ

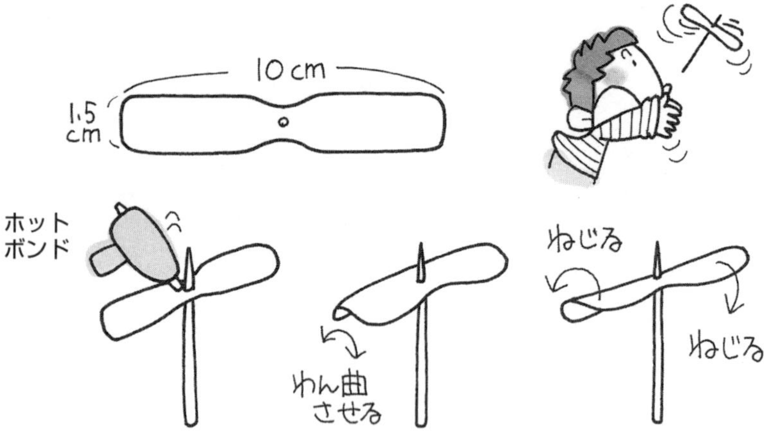

コンセプト

竹を削って竹トンボをつくるのは難しいけれど、厚紙でつくる紙トンボなら低学年でも大丈夫。紙とは思えないほどよく飛び上がる。

準備するもの

厚紙　竹串　はさみ　色鉛筆やペン　ホットボンド

やり方

❶ 上図のように厚紙を切る。
❷ 色を塗り、名前を書く。
❸ 中心に竹串を刺し、ホットボンドで留め、紙をねじる。（この作業は、教師が行う。）
❹ 飛ばす。
★右利きと左利きでは、紙のねじり方・飛ばし方が違うので注意する。
★飛ばし方のうまい子がいるので、「紙トンボ名人」になってもらい、飛ばし方のこつを教えさせるとよい。

16 簡単スライム

コンセプト

本格的なスライムづくりはけっこうむずかしい。ちょうどいいかたさにならないこともある。でも、これなら水を入れるだけで簡単にできる。

準備するもの

高分子吸収体ポリマー　空のペットボトル（500 ml くらい）　水

や り 方

❶ 高分子吸収体ポリマーを用意する。（教材を扱っている会社で手に入る。）
❷ 子どもに一人１本ペットボトルを用意させる。（500 ml くらい）
❸ ペットボトルの中に高分子ポリマーを入れる。（30 倍から 50 倍の水を吸収する。）
❹ 少しずつ水をたしてよく混ぜる。
★絵の具や染料をたらして色をつける。何段も重ねるときれい。
★小さくしぼんできたら、水を足すと、もとにもどる。
★絵の具を入れなければ、植物を育てることもできる。

17 連絡帳でミニ作文

コンセプト

帰りに書く連絡帳。明日の連絡を書くだけじゃもったいない。毎日少しずつでも作文を書いてみよう。

準備するもの

連絡帳

やり方

❶ 明日の連絡を連絡帳に書く。教師が板書する。
　例：①こくご・せいかつ・さんすう・たいいく
　　　②ぷりんかっぷ
❷ 最後に今日の出来事を教師が書く。
　例：③きょう、てつなぎおにをみんなでしました。
❸ 書けた子から見せに来させて、教師が確認する。
❹ なれてきたら、文の途中まで教師が書き、続きを子どもが考えるようにする。
　例：きょうのやすみじかんは、…

★連絡帳に書かせるときに、板書する方法だけでなく、聴写させることもよい。
★短時間で書けるようになってきたら、今日の出来事について子どもに聞いて書く内容を決めてもよい。また、1文すべて自由に書くこともよい。長さも1文でなく、2～3文というように、徐々に長くしてもよい。

18 連絡帳でくっつきの「は」「を」「へ」の定着を

コンセプト

連絡帳に書いた文の助詞を○で囲むだけで、くっつきの「は」「を」「へ」の使い方が定着する。なるべく長く継続してやってみよう。教師が面白おかしく、ユーモアのある文をつくると、子どもは大喜び。

準備するもの

連絡帳

や　り　方

❶ 帰りの会で今日はどんなことがあったか話し合い、連絡帳に書くことを1つだけ決める。
❷ 教師が黒板に短い文を書く。長くても2文くらいにする。
❸ くっつきの「は」「を」「へ」だけ、丸で囲む。
例：きょう(は)、プールにはいりました。
❹ 子どもは、それを連絡帳に写す。
❺ 慣れてきたら、助詞の部分を○でブランクにする。子どもは写しながら、○の中にあてはまる助詞を入れていく。
例：きょう○、プールにはいりました。
❻ 書けた子から見せに来させる。
★見せ終わった子は、続きの文を書かせたり、絵を書かせる。
★時には教師の代わりに代表の子が文をつくったり、順番を決めて文をつくらせたりする。

19 全員に発言のチャンスを　列でゆずり合い発言

私は、ハムスターがすきです。

コンセプト

全員に一言言わせたいが、時間がかかってしまう。聞いている方も飽きてしまう。なるべく短い時間で全員に発言のチャンスをあげよう。これを続ければ全員発言名人に！

準備するもの

なし

やり方

❶「1列目（8人くらい）立ってください。思いついた人からゆずり合って言いましょう。言った人から座りましょう。」間をあけずに、なるべく短くどんどん言わせる。
❷1列目で思いつかない子がいたら、次の列にうつる。
「2列目立ってください。思いついた人からゆずり合って言いましょう。1列目で思いつかなかった人は、いつでも思いついたら言いましょう。」
❸これをくり返す。

※最後まで思いつかなかった子には、強制しない。状況に応じて、紙を渡し、「これに書いてください。」と書かせたり、「あとで、先生のところに来て教えてください。」と言ったりする。

★発言の例

＊自分のすきなもの、自分の家族などの自己紹介
＊きのうのこと、友達とあそんだことなどの体験
＊授業、体験学習、行事などの感想

20 マル読み

コンセプト

教科書の音読には、いろいろな方法がある。「句点」で区切って読んでいくマル読みも、いろいろな工夫ができる。

やり方

❶ 列ごとマル読み…縦または横の一列が一緒に読んでいく。「〜。」で次の列が読んでいく。
❷ グループごとマル読み…数人のグループが一緒に読んでいく。
❸ 半分マル読み…男女や教室の左右などで半数に分けて一緒に読んでいく。
❹ グループ内マル読み…４〜５人のグループの中で一人ひとり読んでいく。
❺ １対１マル読み…２人一組で１人ずつ読んでいく。
❻ １対多マル読み…１人対多人数で読んでいく。最初は教師が１人の所を読む。なれてきたら、希望する子に。
❼ 全員マル読み…１人ずつ列の順で読んでいく。読む子と、次に読む子が立つ。
❽ ばらばらマル読み…自分が読みたいところで立って１文読む。同時に何人かが立って読んでもいい。また、１人が何回立って読んでもいいが、連続２文以上読んではいけない。教師は全文通読するつもりで読んでいく。慣れてくると、すらすらと続くようになる。

★立ったり座ったりするときは、最初にいすに浅く腰掛け、立ったり座ったりしてもいすの音がしないように、いすの位置を調整する。

21 漢字の先生

コンセプト

新出漢字の学習を子どもたち一人ひとりに「漢字の先生」になって教えてもらおう。パターンを決めれば低学年でも十分にできる。

やり方

❶ 以下の手順で漢字の学習を進める。最初は教師が前に出て行い、慣れてきたら順番に子どもたちにさせる。
❷「これから、花という漢字の練習をします。」
「読みます。はな…（漢字ドリルなどにのっているもの)」
「書き順をします。(黒板にチョークで書きながら）さんはい、いち、にい、さん、しい、ごお、ろく、しーち」
「もう一度書きます（みんなの方を見ながら）さんはい、いち、にい、さん、しい、ごお、ろく、しーち」
「速いスピードで書きます。(速く言う）さんはい、いち、にい、さん、しい、ごお、ろく、しーち」
「目をつぶって書きます。さんはい、いち、にい、さん、しい、ごお、ろく、しーち」
「漢字ドリルを指でなぞってから、4回書いてください。」
★画用紙に以上の手順を書いておき、教卓に出して見ながらさせる。
★順番を決めておき、担当の子には、前日に連絡する。
★字の「おれ」「まがり」などの所は、書き順の時に「いーち」などと伸ばして言うようにする。

22 九九学習くり返しのコツ

コンセプト

九九の意味がわかったら、あとはひたすら反復練習。でも、いきなり覚えろというのはかわいそう。下のような表をつくり、きちんと手順を示し、友達同士でチェックさせよう。

かけ算九九ごうかくひょう

名前（　　　　　　　）

☆友だちにサインをしてもらおう

	じゅん	ぎゃく	バラバラ	先生の印
5のだん				
2のだん				
3のだん				
4のだん				
6のだん				
7のだん				
8のだん				
9のだん				
1のだん				

準備するもの

かけ算九九ごうかくひょう

やり方

❶ 最初ははっきりした声で何度も読ませる。4 × 7 = 28 など、目で見て発音しながら覚えることが大事。

❷ 友達同士でチェックさせたあとバラバラの問題を教師が出し、すらすら言えた子に合格印を押す。

23 ノートを使った宿題

コンセプト

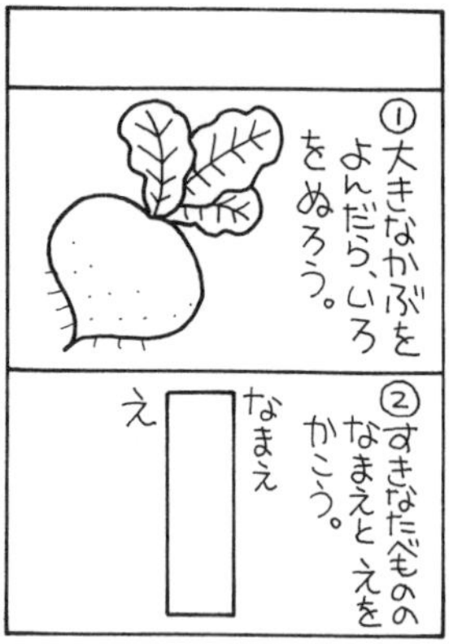

おきまりの宿題ではつまらない、低学年にも「自由勉強」をさせてみたい。でも「自由勉強」では何をしたらいいのかわからない。そういう場合は、「自学ノート」に挑戦！　やり方のコツがつかめれば、低学年でも十分にできる。

やり方

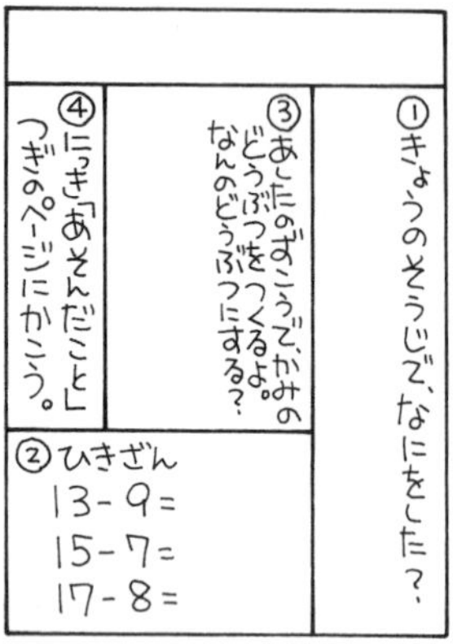

❶ 工夫したプリント
低学年では、毎日のプリントから宿題が始まる。１年生の１学期のひらがなの練習などだ。１年生の２学期からは、一工夫したプリントの宿題を出してみよう。最初は簡単なものからスタートする。(右上の例)

❷ プリントの進化
なれてきたら、日記のように考えて書く学習と、漢字や音読・計算などのようなドリル的な学習を両方入れる。(右下の例)

❸ プリントは、自学ノートに貼って提出させる。
そのために、印刷後、配布前に周りを少し切っておく。さらに、慣れてきたら、「次のページに○○を書こう」という一言をプリントに入れる。プリントだけに書いていたのから発展してくる。

★持続させるコツ
必ずその日のうちに見て返そう。大きく○をつけてコメントは短く一言。もし見られない場合は、スタンプを押し、「明日見るからね。」と言う。自学ノートには、「毎日くん」「勉ちゃん」など、親しみを込めた名前をつけよう。学級通信のタイトルを使うのもいい。コピーして紹介・掲示したり、友達同士見させるのもいい刺激になる。また、内容をスピーチのように発表させたり、教師が紹介したりするのもいい。

24 自学メニュー

★　低学年向けメニューの具体例

Aコース

- 日記
- お手伝いをしたこと
- 学校であそんだこと
- じゅぎょうでわかったこと
- じゅぎょうでおもったこと
- 本をよんでおもったこと
- 発見したこと
- しを書く
- ？と思ったこと
- 今日うれしかったこと
- こまっていること
- しらべたこと
- 文しょうもんだいづくり
- もし、小学校１年生の先生になったら
- ○○休みにしたいこと
- ともだちにいいことをしたこと
- ともだちにいいことをしてもらったこと
- 春を見つけたこと
- タンポポの花をよく見ると
- 町たんけんでお店の人にインタビュー
- ○学期をふりかえって
- 今日のラッキー
- 今日のしっぱい
- ○○ができる方法
- かん字テストで満点をとる方法

Bコース

- おんどく（家の人にきいてもらう）
- きょうかしょのししゃ
- はんたいことば集め
- １分間で書けるしりとり
- 名前のアクロスティック（折り句）
- かん字れんしゅう
- 「　」というかん字のつくことば
- まちがえそうなかん字
- かん字クイズ
- １分間でかん字が何こ書けるか
- 自分やともだちの名前をかん字で書く
- 今日の休み時間にあそんだ人の名前
- くりあがりのあるたし算
- くりさがりのあるひき算
- １分間で、計算が何問できるか
- 大きな数を10のまとまりとばらで
- 三角や四角でもようづくり
- 100マス計算
- 落ち葉のこすりだし
- けんばんハーモニカのれんしゅう

Cコース

- 家の人へ一言
- 家の人からの一言
- 先生への一言

コンセプト

プリントだけでなく、ノートにも書けるようになってきたら、メニューを発行してみよう。１週間に１度目ニューを発行し、その中から自分で選んで宿題を行う。メニューはＡコース（考えて行う学習）とＢコース（ドリル的学習）に分け、両方から１つ以上選ぶようにする。低学年は、おまけのＣコースも面白い。（上の例）

25 かけ算がんばりカード

コンセプト

一度覚えても、すぐに忘れるのが子ども。かけ算九九の導入時はもちろん、学習中、学習後もしばらくは、かけ算がんばりカードの宿題で家でも復習させ、励ましてもらおう。

準備するもの

かけ算九九がんばりカード

やり方

★手順を示し、このとおりにやってもらう。(前述九九学習くり返しのコツ)
★一言欄にはどの段階までいったか家の人に書いてもらう。
★個人差があるので、予習しても（まだ習っていない九九でも）よいことにする。

表

かけ算九九がんばりカード

名前（　　　　　　　）

日	何のだん	何回	一言おねがいします	先生の印

裏

かけ算九九のおぼえかた

1 はっきりした声でなんども読もう。
2 早口で読もう。(何びょうで言えるかな？)
3 答えは見ないでじゅんに言おう。
(もんだいは見てもいいよ)
4 答えは見ないでぎゃくに言おう。
(もんだいは見てもいいよ)
5 答えは見ないでバラバラに言おう。
(もんだいを出してもらおう)
6 まちがえた九九だけなんども言おう。

かけ算九九のあいことば
1. 朝目がさめたら、ハイかけ算！
2. トイレの中で、ハイかけ算！
3. ごはんの前に、ハイかけ算！
4. おふろの中で、ハイかけ算！
5. おやすみまえに、ハイかけ算！

26 タンポポ日記（見たこと作文）

コンセプト

タンポポがたくさん咲き始めたら、宿題はぜひ、タンポポ日記（見たこと作文）を書かせよう。天気による違いや、一度倒れたあと再び起きあがり、茎を伸ばして綿毛になる変化に気づく子もいるだろう。楽しいあそびを発見してくる子もいるだろう。タンポポ博士も生まれるにちがいない。

やり方

❶ 学校でタンポポ日記を書く。(あそんだり、観察したり、実験したりしたあと)
❷ 放課後もタンポポを探し、家で日記を書いてくる。
❸ 次の日、面白い発見をした子の日記読み聞かせをして、ほめる。
❹ クラスでタンポポの話題や疑問を共有する。
❺ 10 日間くらい続ける。（綿毛が飛んでいく頃まで）
★したことではなく、見たことを書かせる。
★短くてもいいので、毎日絵や文で書かせる。
★友達の日記のよいところをまねさせる。

参考文献　上條晴夫著「見たこと作文でふしぎ発見」、見たこと作文研究会編「見たこと作文でクラスが動く」学事出版

編者紹介　上條　晴夫（かみじょう　はるお）

教育ライター・大学講師・ディベートトレーナー。1957年　山梨県生まれ。
小学校教師・児童ノンフィクション作家を経て、教育ライターとなる。
現在、埼玉大学、聖心女子大学などで、「教科指導法（国語・生活）」を教えている。
NPO法人「授業づくりネットワーク」理事長、学習ゲーム研究会代表、メディアリテラシー教育研究会代表、実践！作文研究会代表、お笑い教師同盟（仮）代表。
【所属学会】 日本言語技術教育学会　日本シミュレーション&ゲーミング学会
【主な著書】『さんま大先生に学ぶ－子どもは笑わせるに限る』（フジテレビ出版）『ワークショップ型授業で国語が変わる』（図書文化）『文章を上手につくる技術』（あさ出版）『見たこと作文でふしぎ発見』（学事出版）『実践・子どもウォッチング』（民衆社）『お笑いの世界に学ぶ教師の話術』（たんぽぽ出版）『総合的学習の教育技術－調べ学習のコツと作文的方法－』（健学社）『ゲームで保健の授業！』（東山書房）など。

著者紹介　中島　祥広（なかじま　よしひろ）

世田谷区立給田小学校主幹
主な著書「運動会種目おもしろアイデアブック」（民衆社　共著）『見たこと作文でクラスが動く』（学事出版　共著）『学級担任のレパートリー』（民衆社　共著）『小学校特別活動指導細案　学級活動5年』（明治図書　共著）

阿部　光江（あべ　みつえ）

東村山市立南台小学校
主な著書『見たこと作文でクラスが動く』『「見たこと作文」実践ネタ集』『学級づくり・出会いの演出』（学事出版　共著）『ワークショップ型授業で国語が変わる　小学校』（図書文化　共著）

（敬称略　勤務校、役職等は2005年3月現在のものです。）

授業づくり叢書　授業の達人が提案！
子どもの意欲を育てるワークショップ型授業 50＋プラス小ネタ26 小学1・2年

2005年4月1日　第1刷

編者	上條　晴夫
著者	中島　祥広　　阿部　光江
デザイン	神保　米雄（べあ）
イラスト	岸本　眞弓
編集	佐久間　逸子
発行人	森　重治
発行所	株式会社　教育同人社 〒170-0013　東京都豊島区東池袋4-28-9 TEL　03-3971-5151
組版	株式会社　明友社
印刷製本	図書印刷株式会社

Printed in Japan　ISBN4-87384-101-1